KB267181

윤휴의 학문세계와
정치사상

윤휴의 학문세계와 정치사상

이 선 아 지음

한국학술정보㈜

머리말

　우리에게 윤휴(1617－1680)는 송시열에 의해 '사문난적(斯文亂賊)'으로 지목된, 조선 후기 사상계의 이단아로 알려져 있다. 그는 주자에 대한 인식의 차이로 인해 우암 송시열과 학문적으로 대립하였고, 결국에는 서인을 비롯한 주자절대주의자들에 의해 정치적인 죽음을 당하였다.

　광해군과 북인정권을 무너뜨린 인조반정(仁祖反正) 이후, 서인은 남인과 연대하면서 정치적 주도권을 장악하였는데, 이러한 남인과 서인의 정치적 연대는 복제논쟁(服制論爭)을 거치면서 크게 훼손되었다. 그런데 복제논쟁에서 서인에 대항할 논리를 제공한 인물이 바로 윤휴였다. 그는 남인이 독자적인 정치세력으로 독립할 수 있는 정치적 논리를 제공하였던 것이다. 남인 내의 이러한 역할로 인해 윤휴는 서인에게는 '예론의 장본인'으로 간주되었으며, 그의 학문과 사상도 불온시되었다.

　경신환국(庚申換局)을 통해 남인세력이 대대적으로 숙청된 이후, '사문난적'으로 지목되었던 윤휴는 주자학의 이단자로 낙인찍히게 되었다. 당시 윤휴의 학문을 지지, 계승한다는 것은 주자학의 반대편에 선다는 것을 의미하는 것이었기 때문에 누구도 윤휴의 학문과 사상의 계승자로 나서지 않았다. 그렇게 그의 학문과 사상은 점차 잊혀져 갔다.

　그러나 윤휴가 조선후기 학문적 정치적 지형에 미친 영향을 생각하면 윤휴의 학문과 사상은 상당히 비중있게 다루어져야 한다고 생각한다. 그의 예론은 남인과 서인의 당론 형성에 영향을 미쳤으며, 윤선거의 아들이자 송시열의 제자였던 윤증이 송시열과 노선을 달리하게 되는 간접적인 계기가 되기도 했다. 그의 학문과 사상은 남인과 서인, 소론과 노론으로 정치세력의 분화가 이루어지는 시기에 매우 중요한 역할을 하였다. 그러므로 윤휴의 학문과 사상 그리고 정치적 활동에 대한 연구는 조선후기사를 이해하는 데 보탬이 되리라 생각한다. 뿐만 아니라 '시대와 불화하였던 한 인간'의 삶을 통해 오늘의 시간을 반추하는 기회가 되리라 생각한다.

　이 자리를 빌려 역사 공부에 발을 들여놓은 이후, 끊임없이 격려하고 지도해 주신 여러 선생님들에게 감사의 말씀을 전하고 싶다. 그저 공부하는 모습이 좋아서 시작한 저에게 '학문의 길'이 어떤 길인지 가르쳐 주신 이희권 교수님, 역사공부의 지평을 넓혀 주신 최병운 교수님, 앎이 삶을 풍요롭게 한다는 것을 알게 해 주신 하우봉 교수님께는 무슨 말로 감사의 마음을 전해야 할지 모르겠다. 또한 同學의 인연으로 앞서 가며 길을 내보여 준 이동희 선생님과 홍성덕·이진영 선배님에게도 다 전하지 못하는 고마움뿐이다.

늘 함께 하는 남편과 나림, 민겸 두 아이에게도 고마움과 미안함을 아울러 전해야겠다. 그리고 자식이 가는 길이니 옳으려니, 믿고 헌신적인 사랑을 베풀어 주신 친정어머니께 이 책이 작은 위안이 되었으면 좋겠다.

끝으로 박사학위논문을 제출하고 나서 손질을 거쳐 책으로 출판하고 싶었지만 여건이 여의치 않아 이렇게 부족함을 드러내는 일을 무릅쓰게 되었다. 배움을 완성해가는 모습, 그 과정을 보여주는 것도 하나의 의미라면 의미일 것이라며 '한국사의 탑'에 작은 돌 하나 얹으며, 앞으로 부단히 노력하겠다는 마음을 다져 본다.

2008년 가을 온고을에서 쓰다.

VI　結　論 / 161

I 序 論

1. 硏究目的과 硏究史 정리

　윤휴는 광해군 9년(1617)에 태어나 숙종 6년(1680)에 세상을 떠난 조선 후기의 학자이다. 그가 살았던 17세기는 두 차례에 걸친 병란으로 민생이 피폐하고 국기가 문란해진 시대였다. 1623년 정국은 反正이라는 비상수단을 동원하여 광해군을 폐위시키고 인조를 옹립한 사건으로 혼란하였으며, 곧이어 일어난 청나라와의 전쟁에서 패배하고 맺은 굴욕적인 和親으로, 國論은 분열되어 있었다.

　당시 지식인들은 오랑캐라고 멸시하였던 청나라와의 전쟁에서 패배하여 君臣關係로 상징되는 和親을 맺은 사건으로부터 커다란 사상적 충격을 받았다. 현실적인 힘의 열세로 청나라와 화친하였지만 당시 집권세력의 명분이었던 崇明排淸意識은 좀처럼 수그러들지 않았다. 오히려 조선의 체제이념이었던 주자학의 재확립을 통한 무너진 紀綱과 禮義를 바로 세우기 위한 시도가 행해졌으며, 일각에서는 체제이념으로서의 주자학이 지닌 한계를 극복하기 위한 시도도 진행되기도 하였다.[1]

---

1) 17세기 사상적 분화에 대해서는 17세기 유학사상사 연구반, 「17세기 후반 사상사의

윤휴도 자신이 살았던 시대적 문제를 해결하기 위한 방법 모색에 고심하였으며, 그는 그 해결의 실마리를 朱子學이 아닌 原始儒學에서 발견하였다. 윤휴의 이러한 태도는 송시열을 중심으로 한 서인들에 의해 주목을 받게 되었다. 특히 송시열은 윤휴가 지은 『중용』에 대한 주해서를 빌미로 윤휴를 '斯文亂賊', 즉 '주자학적 질서를 어지럽히는 적'으로 규정하기에 이르렀다.[2] 철저한 朱子主義者였던 송시열은 주자의 저술을 오류가 없는 텍스트로 여겼기 때문에 윤휴의 저술을 주자의 권위에 도전하는 것으로 간주하였고, 급기야 윤휴를 학문적으로 파문하고 배척하였던 것이다. 이러한 송시열의 윤휴에 대한 견해는 서인들에게 영향을 미쳤고 경신환국으로 남인이 실각한 이후로 윤휴의 학문과 사상은 이단시되었다.

이 같은 윤휴에 대한 인식은 그동안 윤휴의 사상적 경향을 규정하는 결정적인 요인으로 작용하였으며 조선 후기 사상계의 흐름을 이해하는 한 단서가 되었다. 즉 윤휴는 反朱子學者, 脫朱子學者로 분류되었으며, 조선 후기 사상계는 反朱子學的 학문이 출현할 만큼 自主的인 學風이 고양되고 또 그것이 도태될 정도로 경직되었다고 이해되었다.[3] 이 점으로 미루어 보아 윤휴의 학문과 사상에 대한 이해는 조선 후기 사상계를 설명하는 데 중요한 단서가 된다고 할 수 있다.

새로운 이해」, 『역사와 현실』 13, 한국역사연구회, 1998 참고.

2) 윤휴를 사문난적이라고 지목한 송시열의 사상에 대해서는 다음의 논문이 참고된다. 김준석, 「17세기 畿湖朱子學의 동향: 송시열의 「道統」계승운동」, 『손보기박사 정년기념 한국사학논총』, 지식산업사, 1988; 이봉규, 「조선 성리학의 전통에서 본 송시열의 성리학 사상」, 『한국문화』 13집, 서울대 한국문화연구소, 1992; 정재훈, 「17세기 후반 노론학자의 사상: 송시열·김수항을 중심으로」, 『역사와 현실』 제13호, 한국역사연구회, 1994, 참고.

3) 이병도, 「자주적 사상의 태동」, 『한국유학사』, 아세아문화사, 1987; 이을호, 「반주자학적 사상의 대두」, 『한국개신유학사시론』, 박영사, 1982; 한국사상사연구회 편저, 「새로운 경전 해석의 등장-탈주자학파」, 『조선 유학의 학파들』, 예문서원 1996.

그리하여 그동안의 윤휴에 대한 연구는 그의 哲學史想을 중심으로 이루어졌다. 특히 윤휴가 '사문난적'이라는 비판을 받게 된 직접적인 계기가 되었던 저술이었던 『中庸』 註解書에 대한 연구가 많이 발표되었다. 안병걸의 『17세기 朝鮮朝 儒學의 경전해석에 관한 연구』와 「白湖 尹鑴의 實踐的 經學과 그의 社會政治觀」,4) 유영희의 『白湖 尹鑴 思想 硏究』,5) 최석기의 「白湖 尹鑴의 經學觀」6)를 대표적인 연구로 들 수 있다.

아울러 윤휴의 性理思想에 대한 연구도 진행되었는데, 한우근의 「백호 윤휴의 四端七情人心道心說」,7) 김기현의 「백호 윤휴의 理氣心情 및 人心道心論」8)과 송긍섭의 「백호 윤휴 理氣哲學硏究 序說」,9) 이을호의 「백호 윤휴 人性論 硏究」10)가 발표되었으며, 윤휴의 洪範觀에 대한 연구도 발표되었다.11)

이들 연구들은 反朱子學으로 규정된 윤휴의 학문을 주자학과 비교하여 그 차이점과 유사점을 밝히는 데 주력하였다. 그 결과 윤휴의 철학사상의 기본구조는 주자학적 범주에서 크게 벗어나 있지 않다는 결론이 도출되었다.

그런데 이들 철학사상에 대한 연구는 윤휴가 남긴 저술 가운데 논란의 대상이 되었던 부분을 중심으로 이루어진 것이기 때문에 윤

---

4) 안병걸, 『17세기 朝鮮朝 儒學의 경전해석에 관한 연구』, 성균관대학교 대학원 박사학위논문, 1991; 「백호 윤휴의 실천적 경학과 그의 사회정치관」, 『조선후기 경학의 전개와 그 성격』, 성균관대학교 대동문화연구원, 1998.
5) 유영희, 『백호 윤휴 사상 연구』, 고려대학교 대학원 박사학위논문, 1993.
6) 최석기, 「백호 윤휴의 경학관」, 『남명학연구』 8집, 경상대학교 남명학연구소, 1999.
7) 한우근, 「백호 윤휴의 四端七情人心道心說」, 『이상백박사회갑기념논총』, 을유문화사, 1964.
8) 김기현, 「백호 윤휴의 理氣心情 및 人心道心論」, 『민족문화연구』 17, 1983.
9) 송긍섭, 「백호 윤휴 이기철학연구 서설」.
10) 이을호, 「백호 윤휴 인성론 연구」.
11) 김성윤, 「백호 윤휴의 홍범관 연구」, 『역사와 현실』 제34호, 한국역사연구회, 1999.

휴의 經學思想에 대한 포괄적인 논의가 필요하다고 생각한다. 윤휴는 『중용』·『대학』에 대한 註解書나 「四端七情人心道心說」 이외에도 『孝經』·『禮記』·『春秋』·『詩經』·『書經』 등의 주로 儒敎의 經典에 대해서 상당한 저술을 남겼다.12) 그러므로 윤휴가 남긴 저술 전반에 대한 폭넓은 검토와 연구를 통해 그의 학문과 사상의 성향에 대한 규정이 가능하리라 생각한다.

한편 이 같은 면에 치중하다 보니 그동안 그의 정치적 활동과 그 사상에 대해서는 소홀히 다루어진 감이 있다. 특히 윤휴가 남인과 서인이 정치적 노선을 달리하게 되는 데 끼친 영향을 생각하면 윤휴의 정치사상은 중요하다고 생각된다. 당시 정국은 인조반정으로 정권을 장악한 서인에 의해 주도되고 있었다. 남인은 서인에 협력하여 반정에 참여하기는 하였지만 정치력을 발휘하지는 못하고 있는 실정이었다. 그러다가 효종의 죽음으로 服制論爭이 벌어지면서, 禮論을 발판으로 서인을 견제하게 되었으며 정국의 주도권을 장악할 기회를 확보하게 되었다. 이때 남인은 윤휴의 古禮에 근거한 禮論을 수용하여 서인에 대응할 黨論을 형성하게 되었던 것이다.

윤휴의 禮論은 남인의 黨論을 형성하는 데 매우 중요한 역할을 하였으며, 남인은 그 黨論을 바탕으로 서인 주도의 정국 운영에 제동을 걸 수가 있었다. 때문에 禮訟과 관련된 논문에서 윤휴의 禮論에 대한 검토는 빠지지 않고 이루어졌다.13)

---

12) 논란이 되었다는 것은 그만큼 핵심적 내용을 담고 있을 것이라고 추정할 수 있겠지만, 반면에 지나치게 주목된 면에 매몰되어 그의 사상 전체의 모습을 보지 못하는 우를 범할 수도 있으므로 그의 저술 전반에 걸친 논의가 이루어져야 할 것이다.
13) 윤휴의 禮說에 대해서는 본격적인 연구보다는 조선 후기의 복제논쟁을 연구하는 과정에서 언급되고 있다.
유정동, 「禮論의 諸學派와 그 논쟁」, 『한국철학연구』, 동명사, 1978.
정인재, 「尹白湖의 禮論과 윤리사상」, 『현대사회와 윤리』, 정신문화연구원, 1982.

그런데 이들 논의는 윤휴의 禮論에 대한 본격적인 논의가 아니기 때문이겠지만, 윤휴의 禮論과 남인의 禮論이 '斬衰三年服'과 '齋衰三年服'으로 그 의미가 다름에도 불구하고 남인의 禮論과 동일시하여 윤휴의 禮論의 思想的 意味를 간과하였다는 한계가 있다. 이것은 윤휴가 생각하였던 국왕에 대한 服喪禮와 남인의 그것과 달랐다는 것이며, 더 나아가서는 國王權에 대한 인식에도 차이가 있다는 것을 의미하는 것이다. 그러므로 윤휴의 예론에 대한 검토를 통해 그의 국왕에 대한 인식을 이해하고 그를 기반으로 그가 지향하였던 국가체제를 이해할 수 있으리라고 생각된다.

지금까지의 윤휴에 대한 연구는 사문난적으로 규정된 그의 思想的 傾向을 밝히는 작업과 남인의 黨論形成에 영향을 미친 禮論을 중심으로 이루어졌다.14) 그런데 이러한 연구는 개별적인 부분에 대한 관심 속에서 이루어져 유기적으로 연결되지 못함으로써 윤휴의 학문과 사상이 지닌 전체적인 면모를 밝히는 데는 미진한 감이 있다. 또한 윤휴가 부각된 면에만 치우친 연구로 인해, 정작 윤휴가

윤사순, 「조선조 禮사상의 연구」, 『동양학』 13, 단국대학교 동양학연구소, 1983.
지두환, 「조선후기 예송 연구」, 『부대사학』 11, 부산대학교 사학회, 1987.
이성무, 「17세기의 예론과 당쟁」, 『조선후기 당쟁의 종합적 검토』, 정신문화연구원, 1992.
이영춘, 「제1차 예송과 윤선도의 예론」, 『청계사학』 6, 한국정신문화연구원 청계사학회, 1991.
허권수, 「기해·갑인예송」, 『조선후기 남인과 서인의 학문적 대립』, 법인문화사, 1993.
14) 이 외에 윤휴를 當代의 문제를 해결하고자 한 經世家로서 파악하고자 하는 연구도 진행되었다. 한우근, 「백호 윤휴 연구」, 『역사학보』 15·16, 역사학회, 1961·1962; 정호훈, 『윤휴의 경학사상과 정치사회 개혁론』, 연세대학교 대학원 석사학위논문, 1993. 이 연구는 그동안 별도의 장에서 논의되던 윤휴의 경학사상과 정치개혁안을 연결시켜 이해하고자 한 점에 있어서 주목할 만하다. 그러나 '國家再造'라는 時代的 命題를 前提하고 당시에 논의되던 정치개혁의 범주에서 검토하여, 朱子主義的 노선에서 비켜서 있는 윤휴의 사상적 경향을 간과한 측면이 있다.

평생 동안 품고 살았던 理想은 간과하고 말았다.

윤휴는 평생 동안 北伐大義 실현을 품고 살았다. 그가 59세라는 늦은 나이에 정계에 진출하였을 때, 그의 출사명분은 다름 아닌 北伐大義였다. 그의 평생포부가 北伐大義였다는 점은 주자학적 질서로부터 벗어나고자 하였던 윤휴의 학문적 경향에 비추어 볼 때, 다소 의아스러운 점이라고 생각된다. 이미 알려져 있듯이 北伐論은 효종과 송시열을 비롯한 朱子主義者들의 執權名分이었으며, 북벌론은 崇明排淸意識의 근거였던 華夷論의 政策的 표출이었기 때문이다.

그러나 윤휴가 주자학으로부터 비켜서 있는 인물이라는 점을 염두에 둔다면, 그가 당시 화이론적 세계관에서 완전히 자유롭지는 않았겠지만, 그가 주장한 북벌론은 당 시대인들의 논의와 일정한 차이가 있으리라는 추측도 가능하다고 생각된다.

윤휴는 仁祖反正 이후 南人과 西人, 少論과 老論으로 정치세력의 분화가 이루어지는 結節의 시기에 매우 중요한 역할을 하였다. 그의 禮論은 남인과 서인의 당론 형성에 영향을 미쳤으며, 윤선거의 아들이자 송시열의 제자였던 윤증이 송시열과 노선을 달리하게 되는 간접적인 계기로 작용하기도 하였던 것이다.15) 그가 적극적으로 의도하였든지 그렇지 않았든지 간에, 윤휴는 조선 후기 정치사에 영향을 미쳤던 것이다. 그러므로 윤휴의 정치활동과 그의 사상에 대한 연구는 그 자신이 지향하였던 정치적 理想과 그가 살았던 시대를 이해하는 데 보탬이 되리라 생각한다.

---

15) 이은순, 「노소당쟁의 논점과 명분론－懷泥是非를 중심으로」, 『조선후기당쟁사연구』, 일조각, 1988 참고.

2. 硏究方法

　본고에서는 다음과 같은 부분으로 나누어 윤휴의 정치사상을 검토하고자 한다.

　Ⅱ장에서는 윤휴의 가계와 생애에 대해서 검토하고자 한다. 윤휴의 先代를 정리하고 그의 부친인 윤효전의 정치이력에 대해 검토할 것이다. 윤효전은 광해군의 재위 기간에 대사헌까지 역임한 인물로 광해군 정권이 임해군을 제거하는 데 깊숙이 개입하였다. 윤효전은 그 같은 행적으로 말미암아 인조반정 이후에 매우 부정적으로 평가되었다. 부친의 정치이력이 윤휴에게 어떠한 영향을 미쳤는지에 대해서 살펴보고, 윤휴의 생애에 대해 정리할 것이다.

　아울러 윤휴가 자신만의 학문 세계를 형성하는 데 직·간접적으로 영향을 받았을 주변인들에 대하여 검토하여 윤휴의 초년기 수학 과정을 정리해 보고자 한다.

　Ⅲ장에서는 經學思想과 斯文亂賊論爭에 대해 고찰할 것이다.

　윤휴가 조선 후기 사상사에서 주목되었던 것은, 그가 송시열로부터 '사문난적'이라는 지목을 받았다는 것과 상당한 관련이 있다. 송시열은 윤휴가 『中庸新註』라는 『中庸』에 대한 새로운 주해서를 저술한 것을 빌미로 사문난적이라고 지목하였다.[16] 당시 학자들은 주자

---

16) 윤휴의 『中庸』에 대한 저술은 「中庸之圖」 「中庸章句次序」 「分章大旨」 「中庸朱子章句補錄」과 1644년(28세)에 쓴 「中庸說」과 1668년(52세)에 쓴 「中庸朱子章句補錄序」가 있다. 윤휴가 사문난적이라고 지목되는 해가 1653년이었으므로 사문난적 시비와 관련 있는 것은 1644(28세)에 쓰인 「中庸說」이라고 생각된다. 윤휴의 「중용

의 『中庸集註』를 완벽한 텍스트로 생각하였기 때문에 주자 이외의 註解書는 주자의 권위에 도전하는 것으로 생각하였는데, 윤휴는 이러한 일반적 학문 경향을 개의치 않고 『중용』에 대해 새로운 分章과 註解를 시도하였던 것이다.17)

윤휴는 논란이 되었던 『中庸』뿐만이 아니라 그 외에도 많은 저술을 남겼다. 그는 『大學』·『孝經』·『禮記』·『春秋』·『書經』·『詩經』 등 『論語』와 『孟子』를 제외한 거의 모든 경전에 대하여 註解 형식의 저술을 남기고 있다. 특히 『孝經』과 『禮記』는 그가 공력을 들인 저술로 윤휴의 학문세계를 이해하는 데 문제가 되었던 『中庸』보다도 더 비중 있는 저술이기도 하다. 그러므로 그가 남긴 다른 저술을 중심으로 윤휴의 經學思想에 대해 검토할 것이다. 이러한 經學硏究가 문제가 되어 발생한 '斯文亂賊論爭'에 대해서도 검토하고자 한다. 사문난적 논쟁은 윤휴의 사상사적 의미를 탐구하는 데 매우 중요한 단서가 되는 사건이었다. 그러므로 이 사건의 전개과정과 그 의미에 대한 검토를 통해 윤휴의 사상사적 의미를 규정할 수 있으리라 생각한다.

Ⅳ장에서는 윤휴의 평생포부였던 北伐大義에 대해 검토할 것이다.
오랑캐와 화친한 조정에 나갈 수 없다는 결심으로 과거를 포기한 윤휴는 숙종 원년(1675)에 북벌대의를 명분으로 출사하였다. 강력

설」은 당시 『中庸新註』라는 이름으로 알려졌던 것으로 보인다. 그러나 윤휴의 저술에는 『중용신주』라는 제목의 글은 남아 있지 않아 윤휴의 「중용설」에 대한 연구는 「分章大旨」와 「中庸朱子章句補錄」 등의 내용을 참고하여 왔다. 『백호전서』 35, 36권; 『宋子大全』 年譜 26년 윤 7월 21일조.

17) 윤휴의 「중용설」에 대해서는 安秉杰, 『17세기 조선조 유학의 경전 해석에 관한 연구』, 성균관대학교 박사학위논문, 1990; 劉英姬, 『백호의 庸學觀』, 고려대학교 석사학위논문, 1985 참조.

한 反淸主義者였던 윤휴는 삼번의 난으로 혼란해진 중국의 정세변화를 北伐大義 實現의 절호의 기회로 인식하여 출사하였던 것이다.[18]

이러한 윤휴의 북벌론은 '주자학적 질서'를 어지럽히는 적으로 지목되어 송시열을 비롯한 서인들로부터 배척되었던 이력에 비춰볼 때, 그의 정치사상을 엿볼 수 있는 중요한 면이라고 생각된다. 崇明排淸意識의 근거였던 華夷論은 '주자학적 질서'를 이루는 중요한 요소였기 때문이다.[19] 그러므로 윤휴가 주장한 북벌대의론의 의미에 대한 고찰을 통해 윤휴가 주창하였던 북벌론과 당시의 산림의 북벌론의 차이를 규명하여, 그가 구현하고자 하였던 理想이 무엇이었는지에 대해 살펴볼 것이다.

Ⅴ장에서는 三代復古的 帝王政治에 대해 검토할 것이다.

국왕에 대한 斬衰三年服制의 주장과 '慈聖照管'의 발언 등을 통해 그가 구현하고자 하였던 三代의 理想政治에 대해 정리하고자 한다. 그의 禮論은 기본적으로 남인의 당론이었던 삼년복과 상복기간은 같았다. 그렇지만, 남인이 齋衰三年服을 주장한 반면에 윤휴는 자의대비를 포함한 모든 신하들이 斬衰三年服을 입어야 한다고 주장하였다. 윤휴가 주장한 참최삼년복은 죽은 자를 애도하는 가장 重한 복제로서, 남인의 당론인 재최삼년복과는 그 의미가 달랐다.

이러한 제왕의 至尊性을 담보로 한 참최삼년복의 주장은, 윤휴의

---

18) 홍종필, 「삼번란을 전후한 현종 숙종연간의 북벌론-특히 유림과 윤휴를 중심으로」, 『사학연구』 27, 1977.
19) 정옥자, 「조선후기 대명의리론의 전개」, 『조선후기 역사의 이해』, 일조각, 1993 참고.

발언으로 인해 촉발되었던 '慈殿照管'논쟁에서, 그가 臣母說이라는 비판에도 불구하고, 모후를 제왕권 아래 귀속시키고자 하였던 것과도 밀접한 관련이 있는 것이라고 생각한다. 윤휴의 참최삼년복 주장과 '자성조관' 발언은 그가 이상적인 정치체제라고 생각하였던 三代의 帝王중심의 政治를 구현하기 위해 선결되어야 하였던 帝王權의 강화라는 측면에서 검토할 것이다.

Ⅱ 生涯와 學問

1. 家系와 生涯

1) 家系

윤휴는 號는 白湖, 字는 希仲으로 광해군 9년(1617) 부친이 慶州府尹으로 부임해 있던 시절에 태어났다.[1]

윤휴의 高祖 尹寬은 문정공 조광조를 師事하였는데 기묘사화 이후 과거시험을 포기하였다가 만년에 벼슬길에 올라 여러 州縣의 수령과 忠翊府 都事를 역임하였다.[2] 曾祖 尹虎는 중종 35년(1540) 生員試에 3등으로 합격하였으나[3] 29세에 사망하였고,[4] 祖父 尹喜孫은 한양 쌍계동에서 독서하며 학문에 전념하였으나 33세에 사망하

---

1) 『백호전서』 행장, '自戊申以後 時事日變 及西宮議起 公長憲府 峻辭斥之 大爲時輩所 齮齕 公亦知世道之不救 遂定謝事之計於王府 政府秋曹之命 皆不拜 乞養得慶州府尹 以卒'.
2) 『백호전서』 행장, '高祖諱寬 受學於李浪翁先生之門 務爲己之學 與奇德陽遵 申靈川 潛 安竹窓諸賢 爲道義交 而師事趙文正先生 己卯之禍 公以居憂得免 自後廢科不事 晩爲親筮仕 歷州縣 官至忠翊府都事 自號三休 蓋以見其初志也'.
3) 『사마방목』 CD, 한국학중앙연구원.
4) 『백호전서』 행장, '曾祖諱虎 生而 異 大有趨向 十三陞學 弱冠中司馬 至孝友愛 篤志 力行 方騖長途 年二十九而卒 號訥軒'.

였다.5)

부친 尹孝全은 字는 永初, 號는 沂川으로 본래 孝善이었는데 이름을 고쳐 孝全이라 하였다.6) 그는 서경덕의 門人인 閔純에게서 수학하였고7) 宣祖朝에 추천을 받아 翊衛司 洗馬에 제수되었다.8) 光海君 5년(1613) 계축옥사(癸丑獄事)에 참여한 공으로 翼社功臣 2 등에 채록되었으며, 이후 大司憲·義禁府 知事·慶州府尹 등을 역임하였다.

그는 광해군의 세자시절 스승으로9) 일찍부터 광해군과 친밀한 관계를 맺었던 것으로 보인다. 그는 선조가 "師表가 되기에 충분한 사람"이라고 할 만큼 인정을 받았다.10) 광해군의 사부로 있던 그는 松禾 縣監과 永柔 縣令을 지내기도 하였다.11) 선조 38년 이후 그는 조정에 돌아와 司諫院 正言, 司憲府 持平, 吏曹 佐郞, 成均館 典籍 등을 거쳤다.12)

광해군이 즉위하면서 윤효전의 정치활동은 더욱 활발해졌다. 광

---

5) 『백호전서』 행장, '祖諱喜孫 有至性懿行 繼家庭之訓 不屑屑於科目 闢九友軒於城東 雙溪之洞 唯以讀書敎子爲務 自號靜齋 取師慕文正公之意也 卒之年僅三十三'.
6) 『백호전서』 행장, '考諱孝先 後改孝全';『광해군일기』 5년 6월 4일 신묘조에도 윤효선이 유효선의 이름을 피하여 이름을 효전으로 고치었다는 기록이 나온다. 당시 유효선은 역모에 연루되어 처형당하였다. 『광해군일기』 5년 4월 25일 계축조, 4년 29일 정사조, 5월 1일 무오조 참고.
7) 閔純의 학문에 대해서는 金成圭, 「杏村 閔純의 山林學者的 性格」, 『민족문화』 5, 한성대 민족문화연구소, 1991; 申炳周, 「花潭門人의 學風과 處世」, 『韓國學報』 第90 輯, 일지사, 1998 참고.
8) 『백호전서』 행장, '(孝全)……早遊閔習靜純之門 知爲學之大方 自是廣志不怠 潛心聖賢之學 儕類咸推敬之 薦授翊衛司洗馬 改王子師傅'.
9) 『선조실록』 33년 4월 6일 기묘조.
10) 『선조실록』 33년 5월 21일 계해조;『선조실록』 38년 2월 13일 정사조에 의하면 비변사에서 수령이 될 만한 자를 추천해 올렸을 때도 천거되었다.
11) 『선조실록』 34년 2월 25일 갑오조;『선조실록』 37년 10월 2일 무신조.
12) 『선조실록』 39년 6월 4일 신축조; 6월 18일 을묘조; 6월 23일 경신조; 12월 6일 경자조.

해군은 왕위에 오르는 과정에서 상당한 어려움을 겪었다. 윤효전은 그런 광해군을 도와, 광해군 집권 초기에 광해군의 왕위에 위협이 되었던 臨海君을 제거하는 일에 앞장서서 광해군의 왕권을 안정시키는 데 기여하였다.

선조는 첫 번째 正妃였던 의인왕후에게서는 소생을 못 보았고 임해군과 광해군의 어머니인 공빈 김씨를 비롯하여 후비에게서 14명의 왕자를 두었다. 정비에게서 난 장자가 없었기 때문에 세자는 왕자들 중에서 선택될 수밖에 없었다. 출생순서로 보면 임해군이 세자에 오르는 것이 당연한 이치였지만, 선조는 세자를 결정할 때 광해군을 지목하였다.[13]

당시 임해군에 대한 조정의 분위기는 매우 부정적이었다. 임해군은 궁방을 통한 경제적인 이권 개입 이외에도 훈련도감의 포수들을 포섭하여 자신에게 투탁하게 하는 등의 국가에 危害를 끼칠 만한 행동을 서슴지 않았다. 그로 인해 선조 말년에 임해군의 不仁한 행동에 대한 상소가 여러 차례 올라오고 탄핵과 문책이 요구되었다. 그러나 왕실의 체모를 염두에 둔 선조는 미봉책에 그치는 조치만 하고 덮어두기 일쑤였다.[14] 이렇듯 임해군의 평판이 좋지 않았기 때문에 당시 신하들 가운데 광해군이 차자임에도 불구하고 세자로 책봉되는 것에 대해서 반대하는 이가 없었다.[15] 장자가 있으므로 차자가 왕세자로 책봉될 수 없다는 명나라의 전교에도 불구하고[16] 선조가 여러 번에 걸쳐 광해군의 세자책봉을 승인받기 위해 노력을 기울였던 것은 임해군의 통치자로서의 자질에 문제가 있었기 때문

---

13) 『선조실록』 25년 4월 28일 정사조.
14) 『선조실록』 34년 3월 19일 정사조.
15) 『선조실록』 39년 4월 16일 갑인조.
16) 『선조실록』 36년 5월 16일 신미조.

이었다.17)

그러나 사정이 이와 같은데도 명나라에서는 끝내 광해군의 세자 책봉을 승인해 주지 않았다. 조선 조정에서는 心身이 쇠약해진 임해군이 도저히 국정을 맡을 수 없고 광해군이 임진왜란 당시 자신의 소임을 잘 수행하여 백성으로부터 신망을 얻고 있다고 알렸다. 그러나 명나라는 자신들의 전폭적인 후원으로 조선이 임진왜란이라는 위기를 극복한 것으로 여겼기 때문에 광해군의 세자책봉의 명분인 광해군의 국난 극복의 공로를 인정하지 않으려고 하였다. 이처럼 명나라는 임진왜란 당시의 군사적인 지원을 빌미로 끊임없이 조선에 대한 영향력을 강화하려고 하였다.

결국 선조가 승하하고 광해군이 왕위를 계승할 때까지도 명나라로부터 세자책봉을 승인을 받지 못하였다. 이는 광해군이 즉위한 이후 왕권계승자로서의 명분에 걸림돌이 될 수밖에 없었다. 임해군이 광해군의 왕권에 장애적인 요소로 떠오르자, 결국 광해군의 측근 일각에서는 임해군을 제거해야 한다는 주장이 나오게 되었다. 임해군이 살아 있는 한 광해군의 왕위계승에 대한 논란은 터져 나올 수밖에 없었던 것이다. 이 무렵 임해군 측의 일련의 움직임이 포착되었다. 광해군이 왕위에 오른 뒤 異心을 품은 임해군이 사사로이 軍器를 저장하고 군사를 양성하였다는 고변이 있었고18) 이를 계기로 임해군을 유배시켜야 한다는 의견이 비등해졌다.

---

17) 당시 왕자들의 패악은 비단 임해군에게만 해당된 것만은 아닌 듯하다. 순화군 역시 임진왜란을 전후로 각종 비리와 패악에 연루되어 조정에서 탄핵되었으며 훗날 인조의 부친인 정원군 역시 왕자답지 않은 불미스러운 일로 조정에서 회자되고 있었던 것이다. 『선조실록』 36년 3월 9일 을축조.
18) 『광해군일기』 즉위년 2월 14일 신미조; 같은 해 2월 22일 기묘조; 같은 해 5월 18일 계묘조.

임해군을 처벌해야 한다는 주장을 한 사람 가운데 중심적인 인물이 바로 윤효전이었다.[19] 윤효전은 당시 헌납이었고 사간원의 다른 동료들과 더불어 임해군의 유배를 힘써 구하였던 것이다. 결국 임해군은 제거되었으며[20] 윤효전은 이 사건이 종결된 후 광해군의 측근으로 떠올랐다. 이후 윤효전은 대사헌 등을 역임하며 광해군의 집권을 도와 국정에 참여하였다.

이 같은 윤효전의 행적은, 인조반정 이후에는 비판의 표적이 되었다. 그의 졸기에 다음과 같은 기록이 보인다.

'효전은 겉으로는 유자같이 행동했지만 속으로는 음모와 술수가 있는 자였다. 임해의 옥사에 유희분이 시키는 대로만 하여 제일 먼저 상소하더니 마침내 원훈의 반열에 들었다. 이로부터 자신의 뜻을 굽히고 남의 뜻만을 따름으로써 다시는 사대부로 자처하지 않았다. ……효전은 臺省을 두루 거쳤으나 또 이이첨에 붙었다가는 다시 배반하였는데 그의 마음가짐과 처신이 대개 이와 같았다.'[21]

윤효전이 임해군의 옥사와 관련하여 재빠르게 행동하여 마침내 공신의 반열에 오르게 되었다는 것이다. 이 사건 이후 대사헌에까지 오르며 광해군의 권력안정에 깊숙이 개입했던 윤효전은 당시 서인들로부터 儒者를 가장한 책략가로 간주되었다. 윤효전은 패악한 군주와 행보를 같이했던 '겉은 유자같이 행동하지만 속으로는 음모와 술수가 있는, 남의 뜻만 따르는 자'라는 매우 부정적인 평가를

받았던 것이다.22)

부친 윤효전에 대한 이러한 평가는 윤휴로서는 큰 부담이 되었을
것이다. 당시 정국의 주도권을 장악하고 있었던 서인은 인조반정,
즉 광해군대의 정치를 부정하고 집권한 세력이었다. 서인들이 정국
을 운영하는 상황에서 윤효전의 광해군 정권기의 활동이력은 결코
득이 될 수 없는 것이었다.

물론 윤휴는 부친을 일찍 여의였기 때문에 부친에게서 직접적인
영향을 받은 것 같지는 않다.23) 외조부의 보호가 있었다 하더라도
광해군 정권에 협력하였던 부친의 이력은 윤휴에게는 상당한 부담
으로 작용하였고 그는 일찍이 정치적 진로에 대해 고민하였을 것이
다. 이 같은 부담으로 윤휴는 병자호란을 계기로 정치권에로의 진
출을 포기하고 학문에 주력한 것으로 보인다.

2) 生涯

윤휴는 태어난 지 2년 만에 부친을 여의었다. 윤휴의 어머니 경
주 김씨는 남편이 죽은 후에 시어머니와 함께 선산이 있는 경기도
驪州에서 喪을 치르고 서울의 쌍계동 옛집에서 기거하였다. 그러다
가 윤휴의 가족은 1623년 인조반정이 일어나던 해, 이괄의 난으로
도성이 혼란스러워지자 다시 여주로 피신하였다.24) 얼마 지나지 않

---

22) 『광해군일기』 1년 8월 3일 신해조; 『광해군일기』 4년 6월 19일 임오조; 『광해군일
기』 5년 6월 4일 신묘조에서는 윤효전을 세상을 속인 간교한 인물로 평가하고 있
으며, 『인조실록』 원년 9월 2일 기축조에는 광해군 정권에서의 행적을 문제 삼아
관작이 추탈되었다.
23) 윤휴가 남긴 글에서 그의 부친과 관련된 글을 발견하기가 무척 어렵다. 윤휴가 죽
은 뒤에 기록된 연보에서만 그의 가계와 더불어 아버지에 대한 언급이 잠깐 나오
는 정도이다. 윤휴 자신이 남긴 부친에 대한 기록은 거의 전무한 상태이다.

아 어머니 연고인 충청도 보은지방으로 거처를 옮겼다.25) 서울과 여주에서의 생활을 접고 현실적인 도움을 기대할 수 있었던 외가로 내려갔던 것이다.26) 이때부터 윤휴는 외가의 도움을 받으며 성장하였다.

윤휴는 외조부 밑에서 初學을 하였다.27) 윤휴는 어린 시절부터 학문에 대한 열정을 보였다.28) 이러한 윤휴의 학문은 대략 22세 무렵에 가서야 빛을 발하기 시작하였는데, 이때까지 그는 『孝經』, 『小學』, 『大學』, 『論語』, 『孟子』와 『詩經』, 『書經』, 『禮記』, 『周禮』, 『儀禮』 등에 심취하여 연구에 몰두하였다.29) 그가 첫 번째 저술인 「四端七情人心道心說」을 쓴 때도 이때였다.30) 「四端七情人心道心說」

---

24) 『백호전서』 연보, '(熹宗哲皇帝天啓)四年甲子 正月 避兵于驪州'.
25) 『백호전서』 연보, '(熹宗哲皇帝天啓)七年丁卯 正月 奉大夫人避兵于三山外宅'.
26) 윤휴는 아버지를 너무 일찍 여의었을 뿐만 아니라 친가 쪽으로는 실질적인 도움을 줄 만한 사람이 있지 않았던 것 같다. 그의 부친 또한 외아들이었고, 그의 조부도 외아들이어서 집안사람들이 많질 않았다. 그에게 庶叔父가 있기는 하였는데 그렇게 가까이 지내지 않았던 것 같다. 『백호전서』 행장 신미년(1631)에는 윤효전이 머물던 서울 성동의 집에서 '흉악한 물건'이 발견된 일이 있었는데 관아에 알려 수사한 결과, 효전의 서제 효광이 한 짓으로 밝혀진 적이 있다. 이것으로 보아 효전과 효광 사이가 그리 원만하지 않았으리라 생각된다. 『百氏通譜』 남원 윤씨 참고.
27) 『백호전서』 연보, (熹宗哲皇帝天啓七年) 정묘년. 三山의 外家로 兵亂을 피하여 이주하였고, 이때부터 외조부의 지도를 받은 것으로 보인다. 윤휴의 학문 과정에 대해서는 다음 장에서 자세히 다룰 것이다.
28) 『백호전서』 연보, (毅宗皇帝崇禎元年)무진년. '先生常以皇極經世書 請學于儉樞公 公曰 世無解是書者 又非小子之所可學 者是戶庭之間 不見先生來往之跡 儉樞公怪問之 侍婢言在竹軒 竹軒者 成大谷運讀書之室 在潤邊幽邃處也 儉樞公潛往視之 先生方危坐對經世書 俯以讀仰以恩 不知門外之有跫音也 儉樞公大異之 歸語先生大夫人曰 汝雖早寡 汝家福祿不可量也 嘖嘖稱奇 後旬餘 先生復以是書質之儉樞公 公不能難'.
29) 『백호전서』 행장, '益肆力於問學 自孝經小大學語孟中庸 循還探賾 約其歸趣 而於詩書三禮麟編大易 沈潛反復 夙夜思繹 以極其趣 久之'.
30) 『宋子大全』 연보, 15년(壬午)에는 尹鑴가 「理氣說」과 관련해서 처음 斯文亂賊이라고 지목되었다는 기록이 나온다. 그러나 「理氣說」과 함께 아직 간행되지 않은 「中庸說」이 언급되고 있는 것을 볼 때, 「理氣說」도 부정적으로 생각했던 송시열의 견해를 기록하는 가운데 연보편찬자들이 실수한 기록이 아닌가 생각된다. 「理

을 필두로 윤휴의 저술활동은 활발해졌다. 「洪範說」, 「周禮說」, 「中庸說」이 쓰였으며, 『讀書記』라고 하여 『中庸』, 『大學』, 『孝經』, 『詩書』, 『周禮』, 『禮記』, 『春秋』, 『內則外記』, 『內則』 등에 관한 저술을 남겼다.

나이 20세에 병자호란을 겪은 윤휴는 청나라로부터 받은 치욕을 씻기 전에는 과거에 응시하지 않겠다는 결심을 하고[31] 학문에 정진하였으며, 그 명성이 높아짐에 따라 사류들과의 관계가 넓어졌다.[32] 임금으로부터 그에게 여러 차례 관직이 제수되기도 하였으나 그는 번번이 사직하였다.[33]

윤휴는 기해년의 복제논쟁 이후로도 「孝經章句攷異」, 「大學說」, 「中庸章句補錄序」, 「中庸大學後說」, 「大學古本別錄」 등 주로 經典에 대한 註解書를 저술하는 학문연구에 주력하였다.

그러다 윤휴는 숙종 원년(1675)에 출사하였다. 출사한 이후로는 學問活動보다는 그동안 닦아온 經世之才로 정치에 몰두하였다. 그러나 그가 정치계에서 활동한 기간은 약 6년간으로, 그의 대부분의 인생은 학자로서 보냈다고 할 수 있다.

氣說」에 대해서는 『백호전서』 연보, 11년 무인조, '著四端七情人心道心說'; 韓沽劤, 「白湖 尹鑴의 四端七情人心道心說」, 『이상백박사회갑기념논총』, 1964, 247－248쪽; 金基鉉, 「白湖 尹鑴의 理氣性情 및 人心道心說」, 『민족문화연구』 17, 1983 참고.

31) 『백호전서』 연보, 10년 丁丑條, '始聞出城之報 握手痛哭而還 自後不復應擧 杜門讀書'라는 기록이 있다.

32) 『백호전서』 연보, 11년 戊寅條, '一時名儒皆踵門以請交 有若權休齋思誠尹石昔湖汝望美村尹吉甫月川權秀夫 皆許以莫逆 宋時烈浚吉李惟泰兪棨等亦與焉'.

33) 윤휴에게 제수된 관직은 다음과 같다. 侍講院 諮議(1655년), 宗簿寺 主簿(1656년), 工曹佐郎(1657년), 侍講院 進善(1657년), 司憲府 持平(1659년), 司憲府 掌令(1674년)으로 모두 사직하였으며, 司業(1674년)으로 출사하였다.

2. 修學 過程

1) 師承關係

① 외조부 金德民

　태어난 지 이 년 만에 아버지를 여읜 윤휴는 외가가 있는 충청도 보은지방으로 거처를 옮겼다. 이때부터 윤휴는 외가의 도움을 받으며 성장하였다.

　외가에 내려온 뒤에 윤휴는 외할아버지 金德民 밑에서 공부를 하였다. 김덕민은 보은현 성족리에서 세거하였는데, 大谷 先生 成運에게서 수학하였다. 김덕민은 학문을 좋아하였으며 선조 39년(1606) 사마시에 합격하고 官路에 올랐으며 정묘호란 때에는 김장생과 함께 의병을 일으키기도 하였다.[34]

　大谷 先生 成運은 김덕민의 가문과 각별한 인연이 있었다. 성운은 제사를 모실 자식이 없어 자신의 처형의 아들을 자식처럼 길러서 후사를 부탁하였는데 그가 바로 김덕민의 조부이었다.[35] 이 인연으로 김덕민은 자신의 아버지 김가기와 더불어 成運의 詩文集인 『大谷集』을 편찬하는 데 참여하였다.[36]

　成運은 司馬試에 합격하여 관로에 올랐으나 乙巳士禍로 자신의 형이 화를 입자 40여 년간 속리산에 은거한 處士였다.[37] 성운은 선

---

34) 『백호전서』 19권, 「外祖僉知中樞府事金公墓地銘」.
35) 『백호전서』 24권, 「書大谷先生言行錄後」.
36) 『大谷集』, 한국문집총간 48.
37) 『명종실록』 21년 6월 21일 경진조;『선조실록』 12년 12월 6일 정축조.

조 때에 관직이 제수되었으나 나가지 않고 이지함, 서경덕, 조식 등
과 교류하면서 학문에 전념하였으며38) 청빈과 학행을 갖춘 자로 이
름이 알려졌다.39)

성운이 가까이하였던 서경덕은 윤휴의 부친인 윤효전이 수학한
민순의 스승이기도 하였다.40) 성운과 서경덕, 조식 등은 서로 교유
하면서 학문적 영향을 주고받았는데,41) 김덕민은 이들의 영향 아래
서 성장하였으며 윤휴는 김덕민을 통해 성운, 서경덕과 조식의 학
문을 접하였을 것으로 보인다.42)

한번은 윤휴가 김덕민에게 『皇極經世書』43)라고 하는 책을 가르
쳐 달라고 졸랐는데, 김덕민은 아이에게는 너무 어려운 책이라고
만류하였다. 그랬더니 윤휴는 대곡 선생의 옛 공부방에 들어가서
혼자서 며칠 동안 궁리한 다음 다시 외조부에게 공부를 청한 적도

---

38) 신병주, 「大谷 成運의 學風과 處世」 『남명학연구논총』 7집. 경상대학교 남명학연구
　　소, 1999, 351-358쪽.
39) 『백호전서』 33권, 「경진일록」. 당시 인근의 젊은 학자들은 성운이 기거하며 글을
　　읽던 大谷書齋에 모여 토론을 벌이며 학문을 닦았던 것으로 보인다.
40) 훗날 윤휴는 서경덕의 화담집을 중간할 때 서문을 쓰기도 하였다. 『백호전서』 24
　　권, 「重刊花潭集序」.
41) 신병주, 「大谷 成運의 學風과 處世」 『남명학연구논총』 7집. 경상대학교 남명학연구
　　소, 1999, 341-350쪽.
42) 『백호전서』 33권, 「경진일록」에서 친우 이상여가 조식을 어떻게 생각하느냐고 물
　　었을 때, 윤휴가 "天下士"라고 생각한다고 대답한 것을 볼 수 있는데, 이는 윤휴가
　　조식의 학문에 대해서 관심을 가지고 있었음을 보여준다.
43) 『皇極經世書』는 중국 북송(北宋)의 학자 소옹(邵雍)의 저서로 역리(易理)를 응용하
　　여 수리(數理)로써 천지만물의 생성변화를 관찰, 설명한 것이다. 12진(辰)을 하루,
　　30일(日)을 한 달, 12개월을 1년, 30년을 1세(世), 12세를 1운(運), 30운을 1회(會),
　　12회를 1원(元)으로 하여 12만 9600년이 1원이며, 천지(天地)는 1원마다 한 번 변
　　천하고, 만물은 이 시간적 순서에 따라 진보한다는 것이다. 모두 12권으로 되어 있
　　는데 6권까지는 역(易)의 육십사괘(卦)를 원·화·운·세에 배당하여 요제(堯帝)의
　　갑진년(甲辰年)에서 후주(後周)의 현덕(顯德) 6년(959)까지의 치란(治亂)의 자취를
　　기록하였고, 7~10권에는 율려성음(律呂聲音)을 논하고, 11~12권은 동식물에 관
　　해 논하였다.

있었다.[44] 이처럼 윤휴는 보은에 살면서 김덕민과 그의 주변인들을 통해 어린 시절부터 학문에 관심을 갖게 되었다.

② 외조모의 동생 吳允謙(1559 - 1636)

윤휴는 外家와의 인연으로 牛溪 成渾의 문인이자 영의정에 오른 오윤겸을 만나게 되었는데, 윤휴의 외할머니가 그의 누이동생이었다. 윤휴에게는 외할머니가 둘이 있었는데 첫 번째 외할머니는 자신의 어머니의 친어머니이다. 이분은 호란이 발생하였을 때 피신하던 중 정절을 지키기 위해 순절하였다.[45] 그 후 김덕민은 다시 혼인하였는데 그가 바로 오윤겸의 누이였던 것이다.[46]

오윤겸은 해주 오씨로 선조 15년(1582)에 사마시에 합격하여 참봉을 지냈으며 임진왜란 당시에 정철의 종사관을 역임하였다. 선조 32년(1599)에는 대과에 급제하여 이조좌랑·호조참의·우부승지 등을 지냈다. 오윤겸은 일본에 가서 임진왜란 당시에 잡혀간 포로를 송환해 오고 進賀使가 되어 명나라에 다녀오기도 하였다. 인조반정 이후에는 대사헌·이조판서를 거쳐 우의정·영의정에 올랐다.

외가에서 기거하고 있던 윤휴는 오윤겸을 여러 차례 만날 수 있었을 것으로 생각된다. 외할아버지 김덕민은 윤휴를 총애하여 그의 학업을 돌보아주고 있었기 때문에 자신의 처남인 오윤겸에게 소개

---

44) 『백호전서』 연보, ‘毅宗皇帝崇禎元年戊辰 先生嘗以皇極經世書 請學于儉樞公 公曰 世無解是書子 又非小子之所可學 自是戶庭之間 不見先生往來之跡 儉樞公怪問之 侍婢言在竹軒 竹軒者 成大谷運讀書之室 在澗邊幽邃處也 儉樞公潛往視之 先生方 危坐對經世書 俯而讀仰而恩 不知門外之有跫音也 儉樞公大異之……後旬餘 先生復以 是書質之儉樞公 公不能難’.
45) 『백호전서』 행장, ‘(祖)母申夫人避亂于湖西 遇倭賊處義 事聞旌閭 語在三綱行實’; 『선조실록』 31년 3월 1일 병술조 참조.
46) 『백호전서』 19권, 外祖儉知中樞府事金公墓地銘.

하였을 것이고 이 둘의 만남은 지속될 수 있었을 것이다.47)

윤휴는 오윤겸의 문하에서 修學하기를 바랐다. 그래서 그는 왕왕 오윤겸을 방문하여 학문적인 논의를 나누기도 하였다. 그는 열일곱 살 되던 해 오윤겸을 방문하여 이런저런 대화를 나누던 끝에, 얘기가 『大學疑義』에 이르게 되었다. 오윤겸은 윤휴와 『大學疑義』에 관한 대화를 끝내면서 '이 시대에 우리의 학문을 크게 일으킬 사람이 태어나서 世道를 밝히고 천하에 명분과 의리를 알려야 우리나라에 彝倫이 드러나게 될 것'이라는 평소 자신의 생각을 말하면서, 윤휴에게 '유학을 크게 일으킬' 학자로 성장해 줄 것을 당부하였다.48)

오윤겸의 문하에서 학문을 하고자 하였던 윤휴의 소원은 이루어지지 못하였다.49) 그러나 오윤겸의 사후에도 윤휴가 오윤겸의 '경연강설' 등을 참고로 공부하면서 자신이 품었던 의구심을 풀었다는 것을 볼 때50) 윤휴는 오윤겸으로부터 일정한 영향을 받았던 것으로 생각된다.

또한 윤휴의 부친 윤효전과의 정치이력을 잘 알고 있었던 오윤겸51)은 윤휴가 좌절하지 않도록 격려해 주기도 하였다. 그는 '율곡

---

47) 훗날 윤휴가 오윤겸의 행장을 지어주는 것으로 보아서도 밀접한 관계를 유지했을 것으로 보인다. 『백호전서』 21권, 領議政吳公允謙 行狀.
48) 『백호전서』 행장, 癸酉 篤學向前 嘗以通家之義 往拜土塘吳相國允謙 相公亦常聞公志行 及見標格 從容談論 遂及大學疑義 乃曰 我東先輩出迭闡正學 吾嘗意當有大振斯敎者出 而世道昭煥 名義聞於天下……賢其勉之.
49) 『백호전서』 33권, 경진일록, '三日甲申……某以幼稚嘗得望顔色 公之開導之意甚勤 而遇不肯執經之願 竟未之遂 而公忽棄世矣'. 윤휴는 이날의 일기에서 오윤겸이 조정에 있을 때의 행적을 적으면서 '세상에 이와 같은 이가 다시 있겠는가!'라고 칭송하고 있다. 그러한 오윤겸의 격려를 받들지 못하고 학문에 전념하지 못한 자신을 반성하고 있었다.
50) 『백호전서』 27권, 만필. '間得土塘吳相國經筵講語有曰……云云 此其說破聖言明白 令人煥然'.
51) 오윤겸과 윤효전은 같은 시기에 관직생활을 하였다. 『선조실록』 37년 10월 1일 정미조 참고.

선생이……진심을 다하여 이 세상을 (구제하는 것을) 자신의 임무로 삼으시고 비록 世道가 이미 어떻게 할 수 없게 되더라도 보탬이 되고자 하는 마음을 잃지 않으셨던 것'처럼52) 율곡 선생의 태도를 본받아 노력을 게을리 하지 않도록 윤휴를 격려해 주었던 것이다. 이것은 광해군 초기 정권기의 행적으로 당시 서인들로부터 부정적인 평가를 받고 있던 아버지 윤효전에 대해 잘 알고 있었던 오윤겸이 윤휴가 부친의 政治 履歷으로 인해 자포자기하지 않도록 북돋아 주었던 것이라 생각된다.

사실 광해군 정권기에 활약한 부친의 정치이력은 서인이 정권을 장악한 상황에서 내세울 만한 것이 아니었다. 자손이 귀했던 윤휴의 집안은 부친의 부재로 더욱 고단해져 갔으며, 성장과 함께 자신이 짊어져야 하는 현실문제는 늘어 갔다. 윤휴는 그러한 자신의 심정을 '나의 쇠함이 심하고 오래되어 상호(桑弧)를 천지사방에 쏘듯 천하를 위하여 큰 공을 세우고 그 뜻을 사방에 떨치고자 하였으나 이룰 수 없음을 스스로 슬퍼한다고'53) 적고 있다. 세상을 향해 세운 뜻을 펼 수 없었던 그가 택할 수 있는 것은 학문하는 길뿐이었다. 윤휴는 당시의 심정을 다음과 같이 기록하고 있다.

"15세에 문자를 알고 20세에 古人들의 책을 읽었으나 30세가 되도록 이름이 없어 뜻이 젖어들고 大道에 울타리만 드리워졌다. 이미 어찌할 수 없으니 책상자를 열고 휘장을 내리쳐서 목탑이 뚫리고 가죽끈이 끊어지도록 奮憤하여 끼니도 잊고 걱정하는 것도 잊어버리고 천하의

---

52) 『백호전서』 행장, '癸酉……栗谷先生之出處曰 先生措心處事 惓惓以斯世爲己任 中年以後 雖知世道已不可爲矣 而苟有小會 未嘗不身與其間 翼其有一分之益 烔然一心 死而後已 賢可記取'.
53) 『백호전서』 24권, 洗心堂記. '自悲吾衰也甚矣久矣 無能自致於桑弧之類四方之志也'.

책을 읽고 聖賢의 은미한 말을 연구하고 천지의 운화를 관찰하며 고금
의 治亂興衰의 자취를 발견하였다.”54)

어찌할 수 없는 상황 속에서 세상과 떨어져 책상자를 꺼내어 가죽
끈이 끊어지도록 학문을 하면서 자신의 처지를 위로하였던 것이다.
　윤휴의 상황을 누구보다도 잘 알고 있었던 오윤겸은 윤휴가 꺾이
지 않고 계속하여 학문에 정진할 수 있도록 세심한 격려를 해 주었
고, 윤휴는 그 충고에 귀 기울여 세상의 흐름에 대해 관심을 가지
고 학문에 전념하였던 것이다.

③ 李睟光의 아들 李民求(1589 - 1670)

윤휴는 외가의 김덕민과 오윤겸의 배려와 관심 속에서 학문에 전
념하였다. 이들 외에 윤휴가 私淑한 인물이 있는데 그가 바로 李民
求이다.
　이민구는 實學의 비조로 일컬어지는 李睟光의 아들로, 광해군 1년
(1609)에 진사가 되고 4년(1613)에 증광문과에 장원급제한 후 조정
의 요직을 두루 거쳤다. 특히 그는 詩賦에 능하고 文章이 뛰어났다.
　그러나 이민구는 병자호란 때(1636) 江都檢察副使가 되어 강화도
에 있었는데 청나라 군대가 강화도를 공격해 오자 싸우지 않고 겁
에 질려 도망을 쳤다.55) 그는 죽음을 무릅쓰고 강화도를 지키지 못
하여 종묘와 사직이 능멸당하게 한 죄로 여러 차례 처형의 위기에

---

54) 『백호전서』 24권, 白湖新居記. ‘十五而知文字　二十而讀古人書　三十而未有聞　浸乎
　　志鬱乎大道　旣不能發篋　下帷穿榻　絶韋奮憤　忘食忘憂　以之讀天下之書　硏聖賢之微
　　言　觀天地之運化　發古今治亂興衰之跡.’
55) 『인조실록』 15년 1월 22일 임술조.

몰렸다.56) 그러나 그의 文才를 아낀 이들의 도움으로 가까스로 죽음을 면하고 목숨을 보전하였던 것이다.57) 그 후 아산에 귀양 갔고 다시 영변(寧邊)에 이배(移配)되었다가58) 풀려났다.59)

이민구의 문하에서 윤휴가 글을 배운 것은 '호남지방을 떠돌아다니기 전'이었다.60) 윤휴가 호남지방을 떠돌아다니기 전이 어느 때인지는 정확하게 알 수가 없다. 그러나 윤휴가 서울과 여주의 생활을 정리하고 호남지방으로 내려온 것은 그가 10세 되던 무렵이었다. 그 후에도 그는 몇 차례 여주를 오갔고, 28세 되던 해 다시 선영이 있는 여주로 옮겼다.61)

윤휴는 近畿 지역에 살게 되면서 이민구의 문하에 드나들었고, 그와의 관계는 오랫동안 유지되었다.62) 윤휴는 나중에 이민구의 사

---

56) 『인조실록』 18년 5월 9일 기축조; 당시 강화도에는 김류의 아들 김경징, 장유의 아들 장신, 이수광의 아들 이민구가 책임자로 부임해 있었다. 그러나 이들 세 장수는 모두 청나라 군대가 진격해 오자 지레 겁을 먹고 제대로 싸움도 하지 않고 강화도를 포기하였다. 그리하여 당시의 사람들은 그들의 행위를 '매국'에 견주며 강도 높게 비판하였다. 김경징과 장신은 그 책임을 물어 처형되었으나 이민구만 살아남았다.

57) 『인조실록』 16년 3월 22일 을유조.

58) 『인조실록』 19년 4월 16일 신유조에 사면이 논의되는 자리에서 이민구도 거론되었다. 이민구의 경우는 본래 군사에 익숙하지 못하여 겁을 먹고 지켜내지 못한 경우로 군사를 담당하여 군율을 어긴 자와는 차이가 있으므로 오히려 그런 군무에 재능 없는 사람을 뽑아 쓴 조정의 허물이라며 이민구를 사면할 것을 건의하고 있다. 효종이 왕위에 오른 뒤에 이민구는 여러 차례 해배가 논의되었다. 효종은 그의 문장 짓는 재주를 귀하게 여겨 등용하고자 하는 뜻을 가지고 있었으나 신하들의 반대에 부딪혔다. 『효종실록』 1년 7월 20일 신미조 참고.

59) 그가 해배된 뒤에 그의 文才를 높이 평가한 현종에 의해 서용하라는 명이 있었으나, 사헌부와 사간원 등 신하들의 반대로 서용되지 않았다. 『현종실록』 2년 11월 23일 기해조; 『현종실록』 2년 12월 1일 병오조 참조.

60) 『백호전서』 22권, 大匡輔國崇祿大夫議政府領議政兼領經筵弘文館藝文館春秋館觀象監世子師李公諡狀. '余幼少總角 嘗受書于公弟副提學東州公之門……旣後余漂寓于湖'.

61) 『백호전서』 행장, '(갑신년)公二十八歲……亦以大夫人年高 還居驪江 相基于白湖之上 以爲終焉之計 作白湖新居記以志之'; 『백호전서』 24권, 「白湖新居記」 참조.

62) 『백호전서』 2권, '奉和東州'를 보면 윤휴가 이민구를 방문하였으나 만나보지 못하

마시 장원급제 60주년을 축하하는 잔치의 시첩에 글을 쓰기도 하였
다.63) 뿐만 아니라 윤휴는 이민구의 인척들과 관계를 맺으면서 지
속적인 교분을 나누었던 것이다.64)

윤휴는 이민구와 그 주변인들과 교분을 맺게 되면서 이민구의 문
장과 학식뿐만이 아니라 李晬光(1563－1628)의 학문을 접할 기회
를 가졌다. 윤휴의 금강산 유람기인 「風岳錄」에는 이수광의 『芝峰
類說』에서 읽었던 기억을 들춰내고 있는 대목을 볼 수 있다.65) 윤
휴는 이민구와 이성구 형제와 접촉하면서 자연스럽게 이수광의 『지
봉유설』 등과 같은 저술을 접할 수 있었던 것이다.66)

④ 부친의 친우들의 관심과 격려

윤휴의 부친 윤효전은 서인들에 의해 不義한 인물로 평가되고는
있었지만 대사헌에까지 오른 인물로 그를 아는 사람들이 많았고,
그들 가운데 일부는 인조반정 이후에도 계속하여 활동하기도 하였
다. 윤휴는 살아가면서 자신의 아버지와 관련 있는 사람들을 만날
기회가 있었으며 윤휴 자신이 점차 나이가 들자 부친과 관계가 있
었던 사람들을 만나고자 하기도 하였다.

고 돌아가자, 이민구가 만나지 못함을 아쉬워하는 마음을 시로 보내왔다. 이에 윤
휴가 다시 화답을 하였다.
63) 『백호전서』 24권, 「書東州司馬回年宴詩帖後」.
64) 윤휴는 이민구의 형인 이성구의 아들인 승규와 함께 학문을 나누는 사이이었고 이
성구의 아들 이석규의 딸과 윤휴의 아들 경제의 혼사가 이루어지기도 하였다. 『백
호전서』 22권, 「大光輔國崇祿大夫議政府領議政兼領經筵弘文館藝文館春秋館觀象
監世子師 李公諡狀」 참조.
65) 『백호전서』 34권, 「풍악록」, '李芝峰類說 以秋至發紫花者當之 此則恐是山菊之類'.
66) 윤휴는 이수광 이외에 실학적 사고를 하였던 인물들의 저술을 접하였다. 『백호전서』
27권, 「만필(하)」에는 구암 한백겸의 토지제도에 대한 논설을 읽고 평한 글이 있다.

윤휴는 15세 조모의 상복을 벗던 해에 선친의 교우로 영의정을
역임한 이원익[67]을 찾아간 적이 있었다. 윤휴를 만나본 이원익은
"내가 전에 그대의 선친의 뛰어난 儀表를 존경하였는데 지금 그의
아들을 보니 필시 명성을 세상에 울릴 것"이라고[68] 하며 칭찬하였
다. 당시 윤휴는 아직 어린 나이이었지만 자신의 부친과 친분이 있
었던 학식과 덕망을 갖춘 이원익을 만나보고 자신의 뜻을 세우는
데 더욱 힘썼을 것이다.

윤휴는 아버지의 庶弟 효광이 연루된 옥사 때에는 아버지와 함께
활동하였던 윤지경을 만났다. 윤지경은 당시 공주감사로 부임해 있
었는데 서숙부의 옥사로 방문한 윤휴와 만나게 되었던 것이다. 윤
지경은 효광을 석방해 줄 것을 요청하는 윤휴의 글을 읽고 감복하
여 자신이 '윤효전의 벗'임을 밝히면서 윤휴에게 '나의 벗이 아주
죽은 것이 아니라고' 말하며 윤휴를 기꺼운 마음으로 반겼다.[69]

물론 이들 부친의 친우들이 윤휴가 학문을 하는 데 큰 영향을 미
치지는 못하였을 것이다. 그러나 윤휴는 이들과 접촉하면서 자신에
게는 기억조차 없는 부친에 대해 듣게 되었을 것이다. 당시 집권
서인에게서 부정적인 평가를 받고 있던 부친의 학문과 인격을 인정
해 주는 명망 있는 인사들과 접촉하면서 아버지의 행적에 대해 균
형잡힌 견해를 갖는 데 도움이 되었을 것으로 생각된다.[70]

---

67) 이원익(李元翼)은 선조 2년(1569)에 별시문과에 병과로 급제하여 여러 관직을 거친
　　후 선조 31년(1598)에 영의정에 올랐다. 그는 대동법(大同法)을 실시하도록 건의
　　하였고 불합리한 조세제도를 고쳐서 국민의 부담을 덜도록 하였으며 군병방수제
　　도(軍兵防水制度)도 개혁하여 복무 기간을 1년에 3개월에서 2개월로 단축시켰다.
　　그는 임진왜란 이후에 피폐된 국정을 쇄신하고자 노력하였다.
68) 『백호전서』 행장, '(신미년)公以梧里李相公元翼 爲先大夫之交 就候之 相公 深加歎
　　賞曰 吾嘗敬其先子之標致 今見其兒 必當以名義鳴世 稱歎不已'.
69) 『백호전서』 행장, '(신미년)尹公曰 吾乃爾大夫之友……尹公執手含淚曰 吾友不死矣
　　天之生爾 其偶然也 必將大有爲也'.

윤효전이 가까이 지냈던 친우 가운데는 당시 예학에 정통했던 寒岡 鄭逑도 있었다. 정구는 윤효전이 경주에 부임해 있을 때 일부러 찾아와 아들 [鑴]이 태어난 것을 축하해 주었으며[71] 윤효전이 사망하였을 때 친히 제문을 지어 조문하기도 하였다.[72] 이런 점으로 보아 윤효전과 정구의 관계는 상당히 가까웠던 것으로 보인다. 윤휴는 정구를 직접 만나지는 못했지만 부친과 가까이 지냈던 정구의 학문에 대해서 호의적인 관심을 가지고 예학을 연구하면서 도움을 받았을 것이라고 생각된다.

이렇듯 윤휴는 부친에게서 직접적인 영향을 받지는 못하였지만 주변에서 아버지와 관련 있는 사람들을 통해 비록 산발적인 추억과 회고담이었겠지만 아버지에 대해 들으면서 아버지의 행적을 객관화하여 자신의 아버지에 대한 부정적인 이미지를 쇄신할 수 있었을 것으로 생각된다.

그가 비록 유년시절부터 성장 근거지가 되었던 보은지방을 중심으로 서인들과 빈번히 접촉하면서 그들과의 유대관계를 맺고 있었지만 결정적인 순간에 서인들과 반목을 두려워하지 않고 자신의 생각을 굽히지 않았던 데에는 부친의 행적에 대한 이해를 통해 서인의 견해에 무조건 동조하지 않을 수 있었기 때문이었을 것이다.

---

70) 『백호전서』 행장, 신미년. 윤휴가 이원익을 만났을 때는 괴이한 병에 걸려 오래도록 앓고 있을 때였다. 유년시절에 부친의 부재와 그로 인한 가난 그리고 원인 모를 병마에 시달리면서도 그가 좌절하지 않고 학문에 몰두할 수 있었던 데에는 여러 가지 이유가 있을 것이다. 그 가운데 이러한 아버지의 절친했던 사람들과의 접촉을 통해 형성된 것이 아닌가 하는 생각이 든다.

71) 『백호전서』 연보, '大明神宗顯皇帝萬曆四十五年丁巳十月十四日乙巳……寒岡鄭先生逑 素與沂川公交好 是日適至府舍 公曰 大賢臨訪 兒子適生 豈不益爲私門之光慶乎 寒岡仍命小字斗魁'.

72) 『백호전서』 행장, '鄭寒岡以文哭之'.

2) 獨學과 士類들과의 討論

윤휴는 지속적인 관계를 맺은 스승은 없었지만 학문의 길을 열어
준 외조부 김덕민과 간헐적이지만 학문적인 만남을 가졌던 오윤겸,
문장이 뛰어났던 이민구 문하에서의 수학 그리고 어려운 환경이지
만 굴하지 않고 학문에 전념하도록 격려해 준 부친의 친우들 등 다
양한 인물들과의 접촉을 통해 서서히 학문으로의 길에 들어서게 되
었다.

윤휴의 학문은 일상생활 속에서 직면하게 되는 상황을 처리하면
서 깊어졌다. 그는 자신이 관례를 치를 나이가 되자 스스로 禮經을
검토하여 자신의 관례를 치렀으며,[73] 자신의 혼인도 역시 당시의
풍속을 무작정 따르지 않고 다음과 같이 행하였다.

> '을해년 삼월에 안동 권씨 가문에 장가를 들었는데, 그때의 풍속을
> 행하지 않고 親迎으로 하였다. 공이 끝까지 禮經을 고찰하고 그에 근
> 거를 두어 솔선하여 행하였다.'[74]

그는 자신의 혼례 역시 스스로 禮經을 검토하여 禮에 입각한 친
영제로 치렀던 것이다. 이렇듯 그는 자신이 일상생활을 하면서 직
면하는 문제를 禮에 입각해서 처리하기 위해 스스로 경전과 기타
서적들을 참고하게 되었다. 이렇게 자신의 필요성에 의해 찾고 해
석하고 이해하고 적용하는 과정을 통해 자신만의 독창적인 사고의
세계를 개척할 수 있었을 것이다. 이러한 獨學은 특정한 틀에 얽매

---

73) 『백호전서』 행장, 신미년. '秋公考禮爲冠義 宿賓行禮'.
74) 『백호전서』 행장, 을해년. '三月 委禽于安東權氏之門 時俗不行親迎 公悉攷據禮經
　　首行之'.

이지 않고 자유로운 사고를 할 수 있는 기회를 더 많이 만들어 주었을 것이다.[75]

윤휴의 학문활동은 20대 초반에 들어서면서 활발해졌다. 그는 병자호란 전까지만 해도 과거를 준비하였다. 실제로 18살이 되던 해에는 모친의 분부에 따라 과거에 응시하기도 하였다.[76] 그러나 병자호란 이후 조정이 오랑캐의 나라인 청나라와 화친을 맺게 되자 '세상이 바뀌었으니 세속의 사람들과 같이 행동하지 않겠다'는 결심을 하고 출사의 뜻을 접게 되었다.[77]

이러한 결심은 당시에 유행처럼 퍼져 나갔다. 이제까지 오랑캐라고 여겨 멸시했던 청나라와 형제관계에서 군신관계로 이어지는 변화를 당시 학자들은 받아들이지 못하였다. 그리하여 주자학에 철저하면 할수록 조정에 몸담지 않는 경우가 많았다.[78] 윤휴 역시 그 후로 문을 닫고서 학문을 강구하였던 것이다.

과거시험을 포기하고 난 다음부터 윤휴의 학문은 급속도로 진전하게 되었다. 그는 22세에 공주 유성현 유천으로 이사한 후 그곳에서 오로지 학문에만 몰두하였다. 그는 『孝經』·『小學』·『大學』·『論語』·『孟子』·『中庸』 등을 읽었으며, 『詩經』·『書經』·『儀禮』·『周禮』·『禮記』·『春秋』·『周易』 등의 서책에 대해서도 '반복하여 연구하고 밤낮으로 사색하여 그 귀추를 탐구'하였다.[79]

---

75) 이 과정에서 부친이 소장하였던 서적이나 그 친구들과의 서신 등 부친과 그의 주변인물의 학문에 접할 기회가 많았을 것이다. 윤휴는 서인과의 교류 속에서 성장하였음에도 불구하고 부친과 인연이 있는 서경덕, 조식, 정구 등의 학문을 접할 기회를 갖게 되었던 것이라고 생각된다.
76) 『백호전서』 행장, 을해년. '秋以大夫人敎 赴擧報罷'
77) 『백호전서』 행장, 정축년. '自今以後 不復赴擧 或遇時從政 不忘今日之羞辱'.
78) 우인수, 「조선 인조대 정국의 동향과 산림의 역할」, 『대구사학』 41, 1991, 26-30쪽.
79) 『백호전서』 행장, 무인년. '公二十二歲……乃端居屛處 益肆力於問學 自孝經小大學 語孟中庸 循環探賾(색) 約其歸趣 而於詩書三禮麟編大易 沈潛反復 夙夜思繹 以極

윤휴는 獨學을 통해 익힌 바를 주변에 있는 동학들과 활발히 토론하였다. 이 무렵 윤휴가 교제한 사람들은 자신의 막내 외숙 金鍧과 李棩, 李相如, 金克亨 및 權諰, 宋俊吉, 宋時烈, 尹宣擧, 李惟泰 등이었다.

李棩와 李相如는 윤휴와 매우 오랫동안 교제한 親友들이었다. 이유는 '禮를 좋아하여 집안의 冠婚喪祭를 古禮에 의거하여 실행'하는 사람이었는데, 윤휴의 禮說을 지지하여 서인들에게 배척당하였다.80) 윤휴는 젊은 시절부터 그와 교제하면서 자신이 학습한 내용에 대해서 토론하고 서로의 의견을 나누었다.81)

40여 년간 종유한 친구 李相如는 영동 두타산 삼화동에 들어가 잡초를 베고 집을 짓고 살아 당시에는 삼화처사로 알려졌었다. 그는 不義로 이룬 부귀는 부질없는 것이라고 생각하여 벼슬을 하지 않았으며 처자식이 있게 되면 효성이 쇠하여지기 때문에 혼인을 하지 않았고 자식도 없었다고 한다. 전국의 명승지를 유람하며 은자와 승려들과도 사귀기를 좋아하였고 도교와 불교에 대한 학식도 상당했던 것으로 보인다. 윤휴는 자신보다 나이가 많은 이상여가 자신을 돈독하게 아껴 주고 인도하고 바로잡아 주었다고 말하고 있다.82)

윤휴가 가까이했던 인물로 金克亨을 들 수 있다. 그는 윤휴에게는 친구이자 스승 같은 존재였다. 그는 최명길에 의해 '독실한 뜻

其趣 久之'.
80) 『백호전서』 19권, 「處士李公墓地銘」; 『현종개수실록』 9년 2월 10일 기묘조에는 이유에 대하여 '밖으로는 학행이 있다는 이름을 낚으면서 안으로는 교활하고 음험한 마음을 품은' 자라고 기록되어 있는 것으로 보아 이유를 부정적으로 생각했던 사람들도 그의 학행은 어느 정도 인정하였던 것으로 보인다.
81) 『백호전서』 33권, 「경진일록」에는 윤휴가 이유와 더불어 교제한 기록이 많이 실려 있다. 또한 윤휴는 금강산을 유람하러 갈 때도 이유와 동행하기도 하였다. 34권 楓岳錄 참고.
82) 『백호전서』 19권, 「三華處士李相如墓碣銘」 참고.

으로 선을 행하며 끊임없이 덕과 학문을 닦는' 인물로 추천될 만큼 학행이 뛰어났다.[83] 그는 서인들과도 교류의 폭이 넓은 인물이었는데[84] 윤휴가 민정중을 만나게 된 것도 김극형을 통해서였다. 이때 김극형은 윤휴를 소개하며 '율곡이 다시 나왔다'고 할 정도로 칭찬하였고 그 후로 민정중과 유중 형제는 기해년 복제논쟁이 일어나기 전까지 윤휴와 가까이 지냈다.[85]

또한 송시열과 윤휴가 '중용설'로 의견이 대립되었을 때 김극형은 윤휴의 편을 들어 송시열에게서 '春秋法에 黨與를 먼저 다스리라고 했으니, 이제 公을 먼저 배척해야 되겠소이다'라는 극단적인 말까지 들었다. 윤휴도 그의 됨됨이를 높이 평가하여 '뜻이 통달하여 옛것을 좋아하니, 충효의 도리를 아는 사람'이라고 칭찬하였다. 김극형 역시 기해년의 복제논쟁 중에 다른 모든 사람들이 윤휴와 절교하였을 때도 윤휴의 삼년복을 지지해 주었다.[86]

윤휴와 權諰의 인연은 일찍부터 이루어졌다. 권시는 윤휴보다 17세가 더 많은데 윤휴가 권시를 처음 만난 것은 10살 무렵이었다. 윤휴가 외가에 머물던 시절에 김덕민을 찾아왔던 권시는 윤휴를 소개받았는데, 윤휴와 대화를 나눈 끝에 "그대는 나의 스승이지 벗이 아니다"라고 말하고 교우를 맺었다는 기록이 있다.[87] 물론 어느 정도는 과장된 면이 없지 않을 것이다. 이렇게 시작된 인연은 평생토

---

83)『인조실록』 14년 6월 11일 갑신조.
84) 기해년의 복제로 학자들 사이에 분열이 일어나자 윤휴는 '극형이 살아만 있기만 했어도 이렇게까지는' 되지 않았을 것이라며 아쉬워하였다.
85)『현종개수실록』 원년 5월 3일 정사조.
86)『백호전서』 19권,「處士金公墓誌」.
87)『백호전서』 행장, 정묘년. '時炭翁權公諰往拜僉樞公 僉樞公言吾外孫有如此兒子 具以是道之 權公請與相見 與之論難奧義 起而拜之曰 子吾之師也 非吾之友也 遂與定交而去.'

록 지속되었다. 권시는 윤휴가 서인들에 의해 정치적 파문을 당한 이후에도 윤휴와의 관계를 끊지 않았던 서인 가운데 하나였다.[88]

윤휴와 권시는 밤을 지새우며 四端과 七情, 理氣에 대해 講論하기도 하였으며 서로 의견이 맞지 않은 부분에 대해서는 각각의 견해를 辯論하기도 하였으며[89] 공부하다가 의문 나는 부분은 서신을 주고받으며 풀기도 하였다.[90] 윤휴는 공부하는 도중에 자신의 생각에 확신이 서지 않으면 주변에 다른 사람들에게 물어 자신의 입장과 비교하여 정리하였는데 당시 논의가 분분하였던 예설과 관련해서 송준길과 여러 차례 서신을 나누기도 하였다.[91]

살펴보았듯이 윤휴에게는 특별히 수학한 스승은 없었다. 그러나 그는 김덕민과 오윤겸 등 외가의 사람들과 이수광의 아들인 이민구 등의 도움으로 학문의 길에 들어섰으며, 자신에게 주어진 현실의 문제를 처리하기 위해 경전을 참고하면서 점차 자신만의 학문세계를 형성하게 되었다. 과거시험을 접은 이후로 그의 학문은 四書와 六經에 미치면서 본격화되면서 과거를 위한 학문이 아닌 성현들의 가르침을 배워 실천하고자 하였던 것이다.

---

88) 허권수, 「조선후기 남인과 서인의 학문적 대립」, 『조선후기 남인과 서인의 학문적 대립』, 법인문화사, 1993, 207−211쪽. 炭翁 權諰는 학통으로나 가문으로나 서인 계통이었으나, 宋時烈의 禮論이 잘못되었다고 지적하고 尹善道를 지지하였다. 이에 兪棨, 李惟泰 등 서인들은 權諰를 집단적으로 공격하였으며 남인으로 간주해 버렸던 것이다.
89) 『백호전서』 33권, 「경진일록」. ‘五月……五日乙酉晴……夕往見權思誠(權諰의 字) 因宿焉 與請四端七情理氣精一之說 多有未合 遂請著論以辨 又請禮疑數說時事一二 思誠深以某說爲然.’
90) 윤휴는 권시와 여러 차례 서신이 오갔다. 「중용」과 「예설」 등에 대해 논의하였으며, 의문이 풀리지 않은 경우에는 송시열과 송준길에게도 여러 차례 물었던 흔적이 있다. 『백호전서』 15권, 「答權思誠諰」 참고.
91) 『백호전서』 33권, 「경진일록」. ‘三月三日甲申……嘗以從孫承從祖父後之是非爲問 某以質之宋明甫 明甫云祖孫行弟不倫 自非帝王家 不可爲.’

Ⅲ 經學思想과 斯文亂賊 論爭

1. 原始儒學 中心의 經學思想

1) 朝鮮時代 經學 研究

經學은 유교 경전에 기록되어 있는 聖賢의 道에 관하여 연구하는 학문으로 중국 三代의 典籍이었던 『詩』·『書』·『禮』·『易』·『春秋』가 한나라 이후 『詩經』·『書經』·『易經』·『禮經』·『春秋』의 五經으로 확립되면서 발전하였다.[1] 이 시기에 경학은 관학으로 존중되었고 유교 경전을 연구하고 해설하며 주석하는 풍조가 형성되었다.[2]

송나라 때에 와서는 程子와 朱子에 의해 『禮記』의 한 편목이었던 『大學』과 『中庸』이 별도의 경전으로 독립되어 『論語』·『孟子』와 더불어 四書 체제가 확립되었으며, 이후로 四書는 五經에 앞서 배워야 하는 기본 경전으로 강조되었다. 주자학이 정립되면서 四書 중심의 경학으로 옮겨갔던 것이다. 조선조의 경학은 이러한 朱子性

---

1) 금장태, 「유교사상의 이해」, 『유교의 사상과 의례』, 예문서원, 2000, 58-59쪽.
2) 조길혜 외, 「兩漢 경학과 유학의 발전 변화」, 『중국유학사』, 신원문화사, 1997, 23쪽.

理學을 수용하는 과정에서 발전하였다.[3]

조선시대 經學硏究의 선구자는 權近(1352-1409)이었다. 李穡의 제자이었던 그는 益山에 유배되었을 때 『入學圖說』을 저술하였고 五經 연구에 착수하였다. 그리하여 '淺見錄'이라고 이름 지은 『周易淺見錄』·『詩淺見錄』·『書淺見錄』·『春秋淺見錄』·『禮記淺見錄』을 저술하였다.[4] 그는 『주역』을 五經의 大體로 제시하고 『춘추』를 五經의 大用으로 제시하였다. 즉 『주역』과 『춘추』가 五經의 중심축으로서 體用의 관계를 이룬다고 이해하였다. 나머지 세 경전인 『서경』·『시경』·『예기』는 體用이 통합되어 개별적 영역을 집중적으로 기록한 각론적 부분으로 제시하였다.[5] 권근의 '五經淺見錄'은 『詩經』·『書經』·『春秋』와 관련된 부분이 빈약하여 독립된 저술이라고 보기 어려운 점이 있기는 하지만, 五經을 體用구조로 파악하여 五經의 구조적 통일성을 제시하였다는 점에 있어서 독특한 경학체계를 구성하였다고 할 수 있다.[6]

그 후 경학연구는 性理學의 주요 理論을 중심으로 진행되었다. 서경덕과 이언적의 太極論爭, 이황과 기대승의 논쟁으로 시작한 四端七情論, 主理主氣論爭은 그 대표적인 논쟁이라고 할 수 있다.[7] 이황과 이이의 단계에서 성리학을 토착화하고 理氣論과 心性論을 이해하는 방식의 차이에 따라 양대 학파를 형성하여 성리학에 대한

---

3) 徐坰遙, 「韓國經學의 圖說的 辨說」, 『대동문화연구총서』16집, 성균관대학교 대동문화연구원, 1998, 326-328쪽.
4) 『韓國經學資料集成』, 성균관대학교, 1995.
5) 금장태, 「조선초기 道學의 성립-闢佛論과 經學」, 『한국유학의 탐구』, 서울대학교 출판부, 1999, 65-67쪽.
6) 김승현, 「'五經淺見錄'을 통해 본 陽村의 經學思想」, 『동양철학연구』4, 1983, 99-100쪽.
7) 한국철학사상연구회, 『논쟁으로 보는 한국철학』, 예문서원, 1995 참고.

이해를 심화시켜 갔던 것이다. 이 같은 탐구 결과 조선의 성리학은 心性說 분야에 있어서는 중국 성리학의 수준을 능가하게 되었다.8)

두 차례에 걸친 전대미문의 국난을 겪고 난 후 학계는 이완된 사회질서를 바로잡고 무너진 신분질서를 재편하기 위한 방법에 대해서 고심하게 되었다. 그러한 동향은 주자성리학적 이념을 고수하려는 서인과 그로부터 벗어나려는 남인으로 나타났다.9)

서인계 학자들은 주자의 言說을 재검토하여 그 定說을 명백히 하려는 주자서 연구에 관심을 기울였다. 이들은 성리학을 正學으로 규정하고 수호운동을 벌였으며 주자의 저술에 대한 정밀한 연구를 통해 보조자료를 만들거나 그 논리적 불일치점을 일일이 대조하여 해설하는 작업에 주력하였다.10) 그리하여 주로 이 시기의 경학연구는 주자의 저술을 중심으로 한 四書를 중점적으로 다루었다.

또한 무너진 사회질서와 주자학적 이념을 구현하기 위한 일환으로 유교적 사회질서의 규범이자 행동의 표준적 절차11)인 禮를 바로 세우기 위해 노력하였다. 각종 禮書의 편찬이 그것인데, 鄭逑의 『五先生禮說分類』와 金長生의 『家禮集覽』 등 각종 禮書들이 간행되었다.12)

반면에 주자학을 비판적으로 수용하고자 하는 움직임도 나타났다. 주자의 四書해석에 의문점을 지적하면서 학문적 범위를 六經

---

8) 윤사순·고익진, 「한국성리학의 전개와 그 특징」, 『한국의 사상』, 열음사, 1984, 38
　　－39쪽.
9) 김문식, 「경기학인의 등장과 학문적 교유」, 『조선후기 경학사상 연구』, 일조각,
　　1996, 20－22쪽.
10) 김준석, 「조선후기 畿湖士林의 朱子인식」, 『백제연구』, 18, 1987, 102－106쪽.
11) 금장태, 「예학의 개념과 역사적 전개」, 『유학사상과 유교문화』, 전통문화연구회,
　　1995, 61쪽.
12) 정옥자, 「17세기 사상계의 재편과 禮論」, 『한국문화』 10, 1989, 213－220쪽.

등 原始儒學으로 확대하여 『시경』·『서경』·『춘추』·『예기』 등에
도 관심을 보이는 학자들이 출현하였던 것이다.13) 윤휴는 이러한
경향을 보인 대표적인 학자였던 것이다.

2) 尹鑴의 六經 中心의 經學研究

윤휴의 유교 경전에 대한 본격적인 연구는 「讀書記」라는 저술에
잘 남아 있다. 「독서기」는 경전을 읽으면서 터득한 내용을 기록해 둔
것도 있으며14) 더 나아가서는 새롭게 주해를 붙인 것도 있다.15) 특
히 『孝經』과 『禮記』에 관하여 가장 많은 지면을 할애하였는데, 독서
기의 거의 절반에 해당할 정도로 방대하다. 다른 경전에 대해서는 간
략하게 내용을 소개하거나 몇몇 군데에 주해를 한 것과는 달리 『효경』
과 『예기』에 대해서는 각각의 내용에 대해 세세하게 주해하고 있다.

① 『孝經』에 대한 저술

윤휴의 『효경』에 대한 저술에는 「孝經章句考異序」 「孝經章句考
異目錄」과 「孝經章句今古文考異」16)가 있다. 이 외에 경전을 읽다가
감명을 받았던 孝와 관련 있는 내용을 발췌하여 「孝經外傳(상·중·

---

13) 정옥자, 「미수 허목 연구－그의 문학론을 중심으로」, 『한국사론』 5, 1979; 김용흠,
    『조선후기 노·소론 분당의 사상기초－박세당의 『사변록』 시비를 중심으로』, 연세
    대학교 석사학위논문, 1994; 한영우, 「허목의 古學과 역사인식」, 『한국학보』 40,
    1985(『조선후기사학사연구』에 재수록, 1989) 참고.
14) 『시경』『상서』『춘추』『주례』는 독서를 하던 중에 자신의 소감을 적고 있는데 주해
    를 한 『효경』이나 『예기』 등과 비교해 볼 때 본격적인 주해를 하기에 앞서 쓴 초고
    로 생각된다.
15) 윤휴가 상세하게 주해한 책은 『대학』『중용』『효경』『예기』이다.
16) 『백호전서』 38권, 독서기에 실려 있다.

하)」「孝經外傳續篇(상·중·하)」를 엮었는데 『論語』의 「微子」와
『孟子』의 「萬章」이 포함되어 있다.17)

　『효경』은 공자와 그의 제자 증삼의 문답 중에서 효에 관한 구절을
추려 기록한 경전으로 德의 근본인 孝에 대하여 천자(天子)·제후
(諸侯)·대부(大夫)·사(士)·서인(庶人)으로 나누어 논술하고 있다.

　진시황제의 焚書坑儒로 燒失된 『효경』은 하간의 헌왕에게 바쳐진
「今文孝經」으로 다시 빛을 보게 되었고 한나라 무제 때 공자의 옛집
에서 옛 문자로 쓰인 「古文孝經」이 발견되었다. 그런데 「고문효경」
이 병란으로 망실되고 「금문효경」이 정현의 주해로 세상에 알려지게
되었다. 그러다가 수나라 때에 「고문효경」이 발견되어 시비를 논하
게 되었지만 당나라 현종 때 「금문효경」을 주본으로 주석한 『효경』
이 반포되면서 「고문효경」은 거의 쓰이지 않게 되었다. 「고문효경」
이 다시 세상의 주목을 끌게 된 것은 송나라 때였다. 사마광이 「고문
효경」의 指解를 만들었고 범조우는 「고문효경설」을 엮었으며 주희
가 「고문효경」을 기초로 해서 「孝經刊誤」를 지었던 것이다.18)

　『효경』이 우리나라에 전래된 시기는 확실하지 않으나 신라시대에
서 독서삼품과(讀書三品科)를 설치하였을 때 그 시험과목의 하나였
던 것을 볼 때 삼국시대부터 전해져 온 것으로 보인다.

　그러나 성리학적 이념으로 民을 교화시키고자 하였던 조선 초기
에 주자와 그의 문인인 劉子澄에 의해 편찬된 『小學』이 기본적인
수신서로 활용되면서 『효경』은 그렇게 주목되지 않는 책이 되었다.

---

17) 『백호전서』 39권과 40권에 실려 있다.
18) 「고문효경」과 「금문효경」의 가장 큰 차이는 「금문효경」에는 '규문장(閨文章)'이 없
　　다는 점이고 「금문효경」의 庶人章이 「고문효경」에서는 庶人과 孝平으로 나뉘거나
　　「금문효경」의 聖治章이 「고문효경」에서는 聖治·父母生績·孝優劣의 세장으로 나
　　뉘는 등 분장의 차이가 있을 뿐이다.

사림이 정계에 진출하면서 「소학」은 더욱 중요하게 여겨졌다.[19] 김
굉필은 스스로 '小學童子'라고 자칭할 정도였고, 조광조는 조강에
서 김굉필의 문묘종사를 청하면서 '「소학」에는 人倫에 날마다 쓰이
는 일이 구비되어 教道하고 勸進하는 방법으로는 이 책보다 나은
것이 없다'고 하였다.[20] 그의 문인인 김장생도 「소학」을 학문의 기
본으로 생각하였다.[21]

그러므로 윤휴가 『효경』에 대해 남다른 애착을 가졌던 것은 당시
의 분위기로 보아서는 좀 이례적인 것이다. 윤휴는 『효경』을 '六經
과 병칭되는, 한·당나라 때에는 박사까지 두어 천하에 가르쳐질
만큼 중요한 경전'[22]이라고 생각하였다. 『효경』은 공자께서 三代
이후로 행하여지지 않고 있는 '聖賢의 道'를 바로 세우기 위해 '멀
게는 堯舜의 道를 잇고 가깝게는 文王·武王의 法을 본받아 聖道
의 요점'을 알리기 위해서 요약해 놓은 것이기 때문에[23] 그 聖賢의
道를 바로잡기 위해서는 무엇보다 人倫의 기본인 孝를 바로 세워
야 된다고 생각하였던 것이다.

그는 『효경』이 세상에 나타나는가 숨겨지는가에 따라 세도의 융성
과 침체가 결정된다고 하였는데, 한 예로 당나라 시대에 『효경』의 「閨
門章」이 누락되어 「규문장」의 예가 드러나지 못함으로써 후궁들이
무례하게 처신하여 화가 있게 된 것이라고 지적하였던 것이다. 『효경』
에 드러난 성현의 말씀이 세상에 드러나게 될 때에 비로소 성현의

---

19) 한상규, 『조선시대 사림의 정신세계-「소학」교육을 중심으로』, 『남명학연구논총』
　　7집, 1999, 504-514쪽.
20) 『중종실록』 12년 8월 8일 신해조.
21) 『沙溪全書』 48권, 행장. '最以小學爲學之基本　尊信服行　以爲終身準則.'
22) 『백호전서』 38권, 「孝經章句考異書」. '孝經出於孔門　與六經竝稱　蓋聖人之大訓
　　也……漢唐之際　爲置博士　師制天下　家藏而人誦之'.
23) 『백호전서』 38권, 「孝經章句考異序」.

가르침이 펼쳐질 수 있다고 생각한 것이다.

그런데도 『효경』이 예전처럼 주목받지 못하고 세상에 드러나지 못하게 된 이유를 윤휴는 다음과 같이 말하고 있다.

> "내가 효경에 대해 생각해 보니 본디 후인들이 함부로 보태고 뺀 부분이 있기 때문이다. 그러나 해와 별처럼 비추는 성인의 말씀은 족히 인륜을 綱紀하고 만세에 전해져 드러나는 것인데, 학자들이 그 본래 힘쓸 것은 버리고 대신에 오직 천명을 논하고 심성에만 뜻을 둔 채 입과 귀에만 베끼고 지름길로만 가려고 하여 이 효경이 (관례가 끝나면 버려지는) 弁髦처럼 되어 버려 기어이 폐하여지고 이 道마저 쇠하여진 것이다."24)

그는 『효경』이 처음 나왔을 때부터 今文과 古文의 錯亂이 있어서, 많은 儒賢들이 뜻을 밝히기 위해 수고하였지만 별로 두드러진 것이 없었기 때문에 근세에 와서는 이 책을 익히려는 학자들이 줄어들었다고 하였다.25) 후인들이 함부로 첨삭하면서도 그 뜻을 제대로 밝혀놓지 못했기 때문이라고 생각하였던 것이다.

그리하여 윤휴는 자신이 직접 「今文孝經」 「古文孝經」을 검토하여 「효경장구금고문고이(孝經章句今古文考異)」26)을 저술하였다. 그는 「금문효경」 18장과 「고문효경」 22장을 15장으로 편장하였으며 각 장의 내용을 주해하였다. 각 장의 주해를 마친 다음에는 그 장의 요점을 다시 정리하여 읽는 이로 하여금 쉽게 이해할 수 있도록

---

24) 『백호전서』 38권, 「孝經章句考異序」. '愚謂是經 固有後人妄加增損者 然聖言之昭如日星者 旣足綱紀人倫 垂示萬世矣 而學者棄本騖外 乃惟譚天命指心性 以之謄口耳 趨체捷徑焉耳 其於是經 若弁髦焉 而遂弊之 是道之衰也'
25) 『백호전서』 39권, 「孝經外傳」(上) 序.
26) 『백호전서』 38권, 「孝經章句今古文考異」.

하였다. 그는 『효경』에 대한 주자의 「孝經刊誤」가 있기는 하지만 그것으로는 『효경』의 본뜻을 전할 수 없다고 생각하였기에 이와 같이 새로운 주해를 시도하였던 것으로 생각된다.27)

윤휴는 자신이 살고 있는 시대를 聖賢의 道가 무너진 시대로 생각하였다. 그러한 시대를 바로 세우기 위해서는 人倫의 기본인 孝가 제대로 시행되어야 했으며 그를 실천하기 위해서는 『효경』의 가르침이 베풀어져야 한다고 생각하였던 것이다.28) 그리하여 그는 당시 지식인들에게서 그다지 주목받지 못하고 묻혀진 『효경』에 대한 연구를 통해 일반 사람들도 성현의 가르침에 가까운 효를 실천할 수 있도록 주해하였던 것이다.29)

② 『禮記』에 대한 저술

윤휴가 『효경』 다음으로 많은 관심을 가지고 저술한 것은 『禮記』이었다. 『예기』는 六經 중의 하나로, 『周禮』『儀禮』와 함께 古禮에 대해 기록된 경전이다. 『주례』는 고대 주나라에서 행해진 의식을 기록한 것이고 『의례』는 禮의 經文이라고 할 수 있으며 『예기』는 그 설명서에 해당한다고 할 수 있다. 『예기』의 성립에 관해서는 분명치 않으나, 前漢의 戴聖이 전해져 내려오던 200편을 49편으로 편찬하였다.30)

---

27) 윤휴는 주자의 「孝經刊誤」을 언급한 후에 후인들의 첨삭의 문제를 거론하였는데, 이것으로 보아 주자의 노력을 일정 정도 인정하면서도 주자의 저술 또한 적절하지 못한 면이 있음을 지적하고 있는 것이라고 생각된다.

28) 『백호전서』 6권, 「進孝經註解無逸立政圖疏」, '臣伏以孝經一書 六經之會要 其言簡 其道甚大 實聖人之大訓也 堯舜之道 孝悌而已'.

29) 윤휴의 예설은 대부분 부모에 대한 孝 가운데 가장 지극한 것이라고 할 수 있는 喪禮에 관한 것이었다.

30) 『예기』는 곡례(曲禮) · 단궁(檀弓) · 왕제(王制) · 월령(月令) · 예운(禮運) · 예기(禮

윤휴는 『예기』의 편목 가운데 일부만 제외하고 모두 다루고 있다. 그는 '『효경』은 부모를 섬기는 도리를 말한 것이고 『예기』의 「內則」은 실제로 부모를 섬기는 도리의 절목'31)이라고 하여, 『예기』의 「內則」을 매우 중시하였다. 「內則」에 대해서는 「內則外記」라는 표제 아래 더 부연할 필요가 있는 항목을 정리하고 있다. 그가 별도로 저술한 「내칙외기」의 항목은 일상생활에서 누구나 접하게 되는 것으로 「내칙외기(상)」에서는 冠禮와 婚禮,32) 「내칙외기(중)」에서는 三年問과 祭儀33)를 자세히 다루고 있다. 禮의 생활화를 위한 시도라고 생각된다.

윤휴는 '사람이 사람인 까닭은 禮義가 있기 때문'이라고 생각하였다.34) 인간이 지켜야 하는 성현의 가르침 가운데 가장 기본이 되는 것을 孝라 생각한 윤휴는 그 孝를 실천하는 방법이자 사회적인 확장이라고 할 수 있는 여러 형태의 禮를 바로 알고 행하기 위해서는 後學들에 의해서 변형되기 이전의 禮의 원천인 『예기』를 검토할 필요성을 강하게 느꼈던 것이다. 때문에 그는 더 나가서 古禮인 『周禮』와 『儀禮』도 참고하였다.

물론 그전에도 禮에 대한 논의는 있었고, 당시에는 정구나 김장생 등이 편찬한 禮書들이 있어서 사람들이 禮를 실천하는 데 도움이 되었다. 그러나 이러한 것은 『朱子家禮』를 근간으로 조선의 실

器)·교특성(郊特性)·명당위(明堂位)·학기(學記)·악기(樂記)·제법(祭法)·제의(祭儀)·관의(冠儀)·혼의(婚儀)·향음주의(鄕飮酒儀)·사의(射儀) 등 49편으로 이루어져 있으며, 대학과 중용 역시 본래는 예기의 한 편목이었다.

31) 『백호전서』 행장, 무인조. '公於孝經用功 與中庸無異 曰 孝經言事親之道 內則實其節文也 中庸事天之道 大學是其條目也 事親之道 愛敬始於閨門 而德敎形于四海 事天之道 戒愼本乎日用 而位育極乎天地 著孝經章句考異 及外傳續篇 內則集釋集傳外紀等篇'. 이 기록으로 보아 윤휴는 본격적으로 학문을 시작할 때부터 효경에 대해 관심이 많았던 것으로 보인다.

32) 『백호전서』 43권, 독서기 내칙외기(상)에 실려 있다.

33) 『백호전서』 44권, 독서기 내칙외기(중)에 실려 있다.

34) 『백호전서』 43권, 독서기 내칙외기(상) 冠禮. '凡人之所以爲人者 禮義也'.

정을 반영한 家禮이었기 때문에 사회적으로 합의된 형태의 禮는 아니었다. 때문에 집안마다 행하는 禮가 달라도 크게 문제가 되지 않았다.

그러나 오랑캐라고 여겼던 청나라와 군신관계를 맺게 되면서 사상적 공황을 경험한 이후 무너진 禮를 자신들의 생활 속에서라도 실천하고자 하였으며 禮에 대한 논의는 더욱 철저해졌다. 더욱이 이들 禮書에 언급되지 않은 상황이 돌발하여 성현의 가르침에 합치한 판단을 내려야 될 상황이 생기기도 하였다.35) 이러한 상황이 대두되었을 때 윤휴는 『禮記』『周禮』『儀禮』 등에서 새롭게 개발한 禮說들을 내놓았으며, 그의 예설은 경전에 의거하여 오랫동안 연구한 결과이었기 때문에 더 설득력 있는 것으로 받아들여졌다.

윤휴는 정치적으로 聖賢의 道와 禮가 무너졌다 하더라도 禮의 근본인 孝를 실천하며 더 나아가 경전에 입각한 禮가 사회적인 합의 속에 지켜진다면 언젠가는 회복될 수 있으리라고 생각하였던 것이다. 때문에 그는 禮를 보다 더 성현의 도에 합당하게 하기 위해서 『孝經』과 『禮記』를 탐구하였으며 자신과 주변에서 발생하는 모든 상황에 성현의 가르침에 의한 예가 적용되기를 원하였다. 그가 『효경』과 『예기』에 직접 주해한 것은 자신뿐만 아니라 다른 사람도 그 예를 쉽게 실행할 수 있기를 원하였기 때문이었던 것이다.

③ 『中庸』에 대한 저술

윤휴의 여러 저술 가운데 가장 논란이 되었던 것은 『中庸』에 대한 저술이었다. 그는 그 저술로 말미암아 송시열로부터 '斯文亂賊'

---

35) 『백호전서』 26권, 孫爲祖後說; 禁父立子說; 妾子爲其母服說 등이 있다.

이라는 지목을 받았다. 윤휴의 『中庸』에 대한 저술은 「中庸之圖」「中庸章句次序」「分章大旨」「中庸朱子章句補錄」[36]과 1644년 28세에 쓴 「中庸說」과 1668년 52세에 쓴 「中庸朱子章句補錄序」가 있다. 『中庸新註』로 알려졌던 「中庸說」이 남아 있지 않아 그 자세한 내용을 알 수는 없으나 「分章大旨」와 「中庸朱子章句補錄」의 내용을 미루어 그 뜻을 짐작할 수 있으리라 생각된다.[37]

　「中庸說」이 문제가 되었던 것은 윤휴가 朱子와 다른 分章을 시도했다는 점이었다. 원래 『禮記』에 수록된 원형 그대로의 『중용』은 章節의 구분이 없었는데, 주자가 『중용』 全篇을 130개의 문단으로 나누고 이것을 다시 33章으로 구분하고, 章의 末尾에 '章下註'라 하여 그 章의 의의를 총괄하는 해석을 기록하였다. 그러나 윤휴는 이와 같은 주자의 章句와는 달리 『중용』을 10章 28節로 나누었다. 윤휴는 首章을 독립된 1章으로 간주하고 『중용』 全篇의 大旨가 담겼다고 전제한 후, 2장에서 10장까지는 首章에 나타난 문제를 부연 설명한 것으로 이해하였다. 『중용』의 首章은 이하 章의 大綱領인 經의 위치로 간주하고 기타 여러 章은 首章의 綱領을 부연 설명한 傳의 역할로 본 것이다.[38]

　이와 같은 分章은 『중용』에 대한 윤휴의 이해를 파악하는 데 도움이 된다. 주자는 『중용』 全篇을 33章으로 구분하여, 이것들을 다시 6개의 단락으로 나누어 그 중심 주제를, 中和·中庸·費隱·誠·大德小德·首章의 의미부연 등으로 요약하였다. 이 가운데 誠 이

---

36) 각각 『백호전서』 35·36권에 실려 있으나, 쓰인 연대는 지금으로서는 알 수가 없다.
37) 尹鑴가 사문난적이라고 지목되는 해가 1653년이었으므로 사문난적 시비와 관련 있는 것은 28세(1644)에 쓰인 「中庸說」이라고 생각된다. 그러나 당시 『中庸新註』로 알려졌던 「中庸說」이 남아 있지 않아 지금까지 尹鑴의 「中庸說」에 대한 연구는 「分章大旨」와 「中庸朱子章句補錄」 등의 내용을 참고하여 왔다.
38) 安秉杰, 「白湖 尹鑴의 實踐的 中庸觀(1)」, 『논문집』 제9집, 안동대학, 1987, 9-10쪽.

하의 주제는 다시 天道와 人道로 요약되어 中和·中庸·費隱·天
人關係 등의 4개 주제로 정리될 수 있다. 이렇게 본다면 주자에 의
한『중용』이해의 기본적 관점은 天人關係論으로 생각할 수 있다.

그러나 윤휴가 말한『중용』의 중심주제들은 天命之性·道不可離·
莫見莫顯·大本達道·致中和·天地位萬物育·修道之敎·率性之道
등으로 모두 首章에 담긴 주요한 개념들이었다. 윤휴는 이 주제를
중심으로『중용』을 해석하고자 하였다. 주자가『중용』밖의 개념이
나 별도의 논리를 설정하고, 거기에『중용』내부의 개념으로 풀이
하고자 했던 것에 반해, 윤휴는 주자와는 달리 章과 章 사이의 관
계를 명확히 하고 앞뒤의 맥락을 분명히 하여 일관성이 있는 것이
었다.

그런데 윤휴의「中庸說」은 주자의 장구와 분장체제·내용을 달
리하면서도, 주자의 학설에 대한 정면적인 비판은 찾아볼 수 없다.
윤휴는 다만『中庸章句補錄』에서와 같이 자설을 피력한 다음에, 그
책에 담긴 주제를 중심으로『尙書』와 孔孟 등의 고전적인 근거를
사용하여 일상적인 실천을 중시하는 해석을 하였을 뿐이었다.39)

윤휴의「중용설」은 상당한 반향을 불러일으켰다. 송시열의『송자
대전』연보에는 그의 從姪 송기후의 집을 방문했다가 송기후가 윤
휴의『中庸新註』를 읽고 있는 것을 목격하는 장면이 기록되어 있
다.40) 책을 읽고 있던 송기후는 송시열에게 '그 논리가 前人이 미
처 펴지 못한 것을 펴고 있는 까닭에 마음에 들어 스스로 그치지

---

39) 安秉杰,「白湖 尹鑴의 實踐的 中庸觀(2)」,『퇴계학』3, 191-192쪽; 尹鑴의『中庸』
　　分章과 그 내용에 대해서는 劉英姬,『백호의 용학관』, 고려대학교 석사학위논문,
　　38쪽 표와 安秉杰,『17세기 조선조 유학의 경전 해석에 관한 연구』, 성균관대학교
　　박사학위논문, 1990, 78쪽 표 참고.
40) 당시 尹鑴의 중용설은『中庸新註』라는 이름으로 알려졌던 것으로 보인다.

못하고 있다'고 말하였다. 당시 윤휴의 저서가 상당한 호응을 얻고 있었음을 알려주는 것이라고 생각된다.[41)

윤휴는 경전에 대한 본격적인 해석서 이외에 여러 편의 '圖解書'를 남기고 있다.[42) 그런데 그의 圖解書는 주로 孔孟 이전의 유학과 관련된 내용으로 「帝舜人心道心之圖」·「皐陶敍秩之圖」·「禹則洛書作範圖」·「箕子序疇之圖」·「禹敍彝倫之圖」·「大學之圖」·「中庸之圖」·「太公舟書敬義之圖」·「孔子達道達德九經之圖」가 있다.[43) 이는 윤휴의 학문적 경향이 원시유학에 경도되어 있음을 보여주는 것이라 할 수 있다. 아울러 堯舜禹의 이상정치가 실현될 수 있었던 성현의 가르침을 한눈에 쉽게 알아보도록 圖解를 작성하여 학문을 생활 가까이에서 실천하고자 했던 모습을 보여주는 것이라 하겠다.[44)

④ 윤휴의 原始儒學에 대한 認識

살펴보았듯이 윤휴의 관심은 『효경』과 『예기』 등 주로 고대 유교

---

41) 『宋子大全』「年譜」 26년 윤 7월 21일조.
42) 한국 경학의 특징 중 하나는 난해한 뜻을 도식으로 그려 일목요연하게 形容함으로써 분석하여 설명하는 것이다. 대표적인 도설로는 權近의 「入學圖說」, 鄭之雲의 「天命圖說」, 李滉의 「聖學十圖」, 張顯光의 「易學圖說」, 裵相說의 「道學六圖」를 들 수 있다. 서경요, 「韓國經學의 圖說的 辨說」, 『조선후기 경학의 전개와 그 성격』, 성균관대학교 대동문화연구원, 1998, 329-330쪽.
43) 모두 『백호전서』 35권에 실려 있다.
44) 윤휴는 유교 경전에 대한 「讀書記」라는 저술 이외에도 다양한 주제를 다룬 글을 남겼는데, 22세의 나이에 쓴 것으로 알려진 「四端七情人心道心說」(『백호전서』 25권)과 독서기를 쓰기 전에 썼던 일기 형식의 독서일기인 「庚辰日錄」(『백호전서』 33권), 여행기인 「楓岳錄」(『백호전서』 34권)이 있다. 「漫筆」(『백호전서』 27권)이라 하여 책을 읽을 때마다 떠오른 단상들을 적어놓은 것이 있으며 기해예송에 대한 자신의 견해를 밝힌 「典禮私議」(『백호전서』 26권)와 그 후로 활발히 전개된 다양한 예와 관련된 사례에 대해 자신의 입장을 밝힌 「禮說」(『백호전서』 26권)이 여러 편 있다.

경전에 머물러 있었다. 『효경』과 『예기』·『중용』 이외에 윤휴가 남긴 저술은 거의 모두가 六經에 대한 것으로, 『詩經』·『尙書』·『春秋』에 대한 독서기와 『周禮』에 대해 저술하였다. 우리는 다음에서 그의 六經에 대한 기본적인 생각을 엿볼 수 있다.

> "『주역』·『서경』·『예기』는 순수한 것이고 『춘추』는 본디 선과 악을 같이 기록한 것이다. 그러나 필삭의 범례가 나무가 빽빽하듯이 하여 요임금과 큰 도둑인 盜跖을 혼동할 수 없는 것처럼, 선을 공경하고 악을 억제하는 데 기준이 된다."45)

그는 『주역』·『서경』·『예기』와 『춘추』는 글자 한 자를 쓰거나 삭제하는 데에도 심혈을 기울여 後學들에게 도움이 되도록 쓰인 책으로 '권선징악'의 개인과 사회의 윤리의 요체를 담고 있는 책이라고 생각하였던 것이다. 이들에 대한 저술은, 『효경』과 『예기』에 비하면, 내용을 요약하고 필요한 부분만을 주해하는 등 매우 간략한 편이기는 하다. 그러나 그는 이들 경전에 대해서도 그 내용을 더 잘 이해할 수 있도록 자신의 견해와 선학자들의 견해를 기록해 두고 있다.

그런데 이 같은 原始儒學에 대한 그의 관심과 연구는 당시 학문적 풍토에 비춰볼 때 이채로운 것이었다. 물론 윤휴 이전에 육경에 대한 저술이 없었던 것은 아니다. 權近(1352-1409)이 『五經淺見錄』을 저술하여 詩·書·易·春秋·禮記에 대해 변설하였고 李滉(1501-1570)도 『三經釋義』를 저술하기도 하였다.46) 그 외 각각의 경전에

---

45) 『백호전서』 27권, 「만필」(중). '易書禮純粹 春秋固兼記善惡 然其中筆削凡例 森然 固不爲混堯跖同列 凜凜爲聳善抑惡之資焉.'
46) 韓國經學資料集成, 성균관대학교, 1995.

대한 단편적인 저술도 있다. 그러나 주자성리학이 심화되면서 고대 육경 등 유교 초기경전에 대한 관심은 줄어들었다.

윤휴와 같은 시기에 허목도 『역경』·『춘추』·『서경』 등에 관한 經說을 지어 原始儒學, 이른바 古學에 관심을 보였다.47) 윤휴도 그러한 점을 알고 있었기에 자신이 쓴 독서기를 허목에게 보내어48) 질정을 기다렸다. 윤휴의 글을 읽어 본 허목은 다음과 같이 윤휴의 학문을 칭찬하였다.

> "보내준 편지에 요전·홍법·중용을 考定한 여러 글은 널리 공부한 뜻이 매우 훌륭하며, 이미 깊은 사고와 쌓인 생각이 하루아침과 하룻밤에 얻어진 것이 아니니, 부지런함 또한 지극합니다. ……사람으로 하여금 크게 놀라게 하는 바가 있습니다."49)

그러면서도 한편으로 허목은 '경전은 쉽게 말할 수 없는, 경외하여야 할 것으로 경문을 헐어 고쳐서 어지럽혀서는 안 된다'고 지적하였다. 그는 윤휴의 경전에 대한 분장과 주해가 '성인의 말씀을 폄론하고 성인의 책을 허물어뜨리는 일'이 될 수 있음을 경계하였다. 허목은 자신과 마찬가지로 原始儒學에 관심을 보이는 윤휴에 대해 우호적이면서도 그의 논설에 대해서는 비판적이었던 것이다.

그러나 윤휴는 그러한 분위기에 연연하지 않고 오히려 자신의 관심사를 원시유학 전체로 확대시켜 나갔다. 앞서 언급한 『孝經』과 『禮記』 이외에 『春秋』·『詩經』·『書經』과 『大學』·『中庸』을 새롭게 살

---

47) 『(미수)記言』 31권, 經說에는 '易說·春秋說·詩說·書說·洪範說·禮說·樂說' 등이 기재되어 있다.
48) 『(미수)記言』 3권, 答希仲. '蒙示讀書記數篇 多發越動人 非吾希仲 安得有此說話'.
49) 『(미수)記言』 상편 3권, 學, '答堯典洪範中庸考定之失書'.

퍼보았다. 특히 『大學』과 『中庸』은 주자에 의해 『論語』·『孟子』와
더불어 四書의 일부로 편입되고 주해되면서 당시 학자들에게는 금과
옥조와 같은 경전으로 존귀시되던 경전이었다. 四書 중 윤휴가 관심
을 보인 경전은 『대학』과 『중용』이었다. 『논어』와 『맹자』에 대해서
는 별도의 저술을 하지 않았던 윤휴가 『대학』과 『중용』에 대한 주해
서를 쓴 것은 이 두 경전이 본래 원시유학 경전인 『禮記』의 한 편목
이었기 때문이라고 생각된다. 즉 송나라 때 주자를 비롯한 後學者들
에 의해 가치가 부여되어 확립된 '四書' 이전에 聖賢의 순수한 가르
침을 담고 있는 경전이라고 판단하였기 때문이었던 것이다. 윤휴는
주자가 본래의 성현의 뜻을 전달하는 데 未盡한 점이 있다고 판단하
여 주자와 다르게 分章하고 註解하였던 것이다.

윤휴는 이 저술로 말미암아 학문적 파문을 당하였다. 당시 서인
들에게 가장 큰 영향력을 행사하고 있었던 송시열에게서는 斯文亂
賊이라는 비난을 들었고, 그의 저술은 배척되었다. 물론 모든 사람
들이 송시열의 입장에 동조하지는 않았지만, 윤휴의 예설이 기해예
송에 중요한 기제로 작용하면서 윤휴의 저술과 경향은 이단시되었
던 것이다.

1) 宋時烈의 斯文亂賊 指目

앞에서 살펴보았듯이 윤휴는 주로 원시유교의 經典을 중심으로 학문 연구에 주력하였다. 특히 『中庸』에 대한 연구는 윤휴의 학문적 경향을 잘 보여주는 것으로 당시 反響을 불러일으킬 정도로 독창적이었던 것이라고 할 수 있다. 윤휴는 朱子의 학문적 업적을 인정하는 한편 그 한계를 비판하고 극복하려는 경향을 가지고, 四書뿐만 아니라 당시 중시되지 않던 六經 등 原始儒學에도 상당한 관심을 보였던 것이다.50)

그런데 당시 일부 학자들은 윤휴의 이러한 태도를 우려하였다. 특히 송시열의 경우는 윤휴를 일러 사문난적이라고 지목할 정도로 그에 대해 경계하였다. 윤휴가 宋時烈로부터 斯文亂賊이라고 지목받게 된 것은 윤휴의 나이 37세가 되던 1653년, 황산서원에서였다. 다음은 송시열이 윤휴를 斯文亂賊이라고 지목한 기록이다.

> "하늘이 孔子에 이어 朱子를 냈음은 진실로 萬歲에 道統을 위한 것이다. 朱子가 난 이후로 顯著하지 않은 理致가 없고 밝아지지 않은 글이 하나도 없는데, 윤휴가 감히 자기 所見을 내세워 마음대로 억설을 한다. 그대[윤선거]는 장래가 유망한 牛溪의 外孫으로 도리어 편당이 되어 朱子에게 반역하는 사람의 졸도가 됨은 무슨 짓인가?" 하니 그제야 윤선거가 다소 윤휴를 비난하는 말을 하였다. 그러나 긴요한 대목에 이르러 "우리는 심오한 데를 알 수가 없다."고 하였다. 또 말하기를

---

50) 鄭玉子, 「眉叟 許穆의 학풍」, 『조선후기 지성사』, 일조각, 1991, 102-109쪽.

"義理는 天下의 公的인 것인데, 지금 希仲(윤휴의 字)에게 감히 말하지 못하게 하려 함은 무슨 일인가? 朱子 이후에 딴 말을 할 수 없다면 북계와 신안은 어찌하여 말을 하였고, 그 말이 經典에 나와 있겠는가?" 하니, 선생(송시열)이 "진 씨의 여러 가지 설이 진실로 많기는 하나, 이는 모두 朱子의 章句를 치워버리고 스스로 새로 해석을 내어, 마치 서로 승부를 겨루어 앞서려고 한 것 같겠는가?" 윤선거가 "이는 希仲이 너무 고명한 탓이다."라고 하였다. 선생(송시열)이 말하기를 "그대는 朱子는 고명하지 못하고 尹鑴가 도리어 더 낫다고 여기는 것인가? 또한 윤휴 같은 참람한 斯文亂賊을 고명하다고 한다면, 왕망·동탁·조조·유유 같은 역적들도 모두 고명한 탓이겠는가? 윤휴는 진실로 斯文亂賊으로서, 모든 살아있는 사람들이면 누구나 마땅히 죄를 성토해야 한다. 春秋의 法이 亂臣과 賊子를 다스릴 적에 반드시 먼저 그 편당을 다스리게 되어 있으니, 王者가 나타나게 된다면 그대가 마땅히 윤휴보다 먼저 (春秋의) 法을 받게 될 것이다."했다. 윤선거가 또 "그대가 너무 지나치게 希仲을 겁내는 것이다."라고 하였다.51)

斯文亂賊 시비와 관련하여 그 시사하는 바가 많은 기록이다. 이 기록에 의하면, 송시열은 朱子의 『中庸章句』가 있음에도 불구하고 '자기의 所見을 내세워 억설을 하는' 윤휴를 비난하고 있음을 알 수 있다. 송시열의 비난에 대해서 尹宣擧가 윤휴의 입장을 다소 변호하는 듯한 입장을 보이자, 송시열은 보다 강력하게 윤휴를 '참람한 斯文亂賊'이라고 지목하면서, 그 이유로 윤휴가 '朱子의 章句를 치워버리고 스스로 새로 해석을 낸' 사실을 들고 있었다. 즉 송시열은 윤휴가 朱子의 『中庸章句』가 있음에도 불구하고 「中庸說」을 통해 새로운 해석을 주장함으로써 朱子의 해석을 무시하고 있다고 생각했던 것이다.

---

51) 『宋子大全』 「年譜」, 26년(계사) 윤 7월 21일조.

그러한 공개적인 지목이 주자학을 통치원리로 하는 시대에, 당대를 대표하는 주자학자에 의해 행해졌다는 사실은 상당한 관심을 불러일으켰으리라고 생각된다.

2) 士類들의 반응

윤휴에 대한 송시열의 斯文亂賊 지목은 공개적이었다. 송시열은 황산서원에서 윤선거·유계 등을 만난 자리에서, 윤휴를 斯文亂賊으로 지목하였으므로 이 사실은 자연히 널리 알려졌다.

이러한 인물들과 배석한 자리에서 한 송시열의 발언은 윤휴의 학문에 대한 파문 선고와도 같은 것이었다. 그것이 송시열 개인의 견해라 할지라도 윤휴의 학문과 사상에 대한 논쟁을 불러일으킬 만한 것이었다. 그런데 당시 송시열과 윤휴 사이에서는 물론이거니와 그러한 발언에 근거하여 윤휴의 학문 자체에 대한 논쟁은 일어나지 않았다. 즉 송시열이 문제 삼았던 윤휴의 「中庸說」 자체에 대한 학문적인 토론은 일어나지 않았던 것이다. 이러한 모습은 서로 다른 견해에 대하여 활발한 지적 교류를 통해 학문의 지평을 확대 발전시켰던 이전 시대의 경향에 견주어 보면 아쉬운 모습이라고 하지 않을 수 없다.

송시열이 윤휴를 학문적으로 파문하였음에도 불구하고 그 후에 윤휴는 서인들에 의해 천거되어 정계에 진출할 수 있는 기회를 갖게 되었다. 사문난적으로 지목된 이후인 효종 6년(1655)에 年少文官 중에 학문에 재능 있는 자를 抄選하여 講習하게 하자는 논의가 있었을 때 윤휴는 당시 우의정 沈之源에 의해 다음과 같이 추천되었다.

　　"신이 듣건대, 허목과 윤휴는 학문에 힘써 재능이 많고 품행과 도의
　　가 뛰어나니 이러한 사람들이 의당 탁용되어 권장되어야 한다고 생각
　　합니다."52)

라고 말하고 있다. 이때는 송시열에 의해 윤휴가 이미 사문난적으
로 지목된 이후였다.53) 그럼에도 서인인 심지원은 윤휴를 학문에
힘써 재능이 많고 品行과 道義가 뛰어난 인물로 천거하였으며, 또
한 당시 병조판서 원두표도 '윤휴는 古書를 많이 읽은 인물'이라고
덧붙이며 沈之源의 천거에 동의하였던 것이다.
　이러한 조정신하의 추천에 孝宗도 주강하는 자리에서 다음과 같
이 말하였던 것이다.

　　"들건대 윤휴가 재능이 많고 쓸 만한 사람이라고 하니, 내가 한번 만
　　나보고 時務를 물어 보고자 한다."54)

　이렇듯 윤휴는 송시열에 의해 사문난적이라고 지목된 이후에도,
송시열과 당색을 같이하는 서인들에 의해서 古書에 능통하고 品行
과 道義가 뛰어난 인물로 평가되고 있었던 것이다. 이 같은 사실은
송시열과 당색을 같이하는 서인 내에서조차 윤휴가 사문난적이라고
지목받은 사실을 그다지 중요하게 생각하지 않았음을 알려주는 것

---

52) 『효종실록』, 6년 3월 8일 계사조.
53) 尹鑴는, 송시열에 의해 사문난적이라고 지목되기 한 해 전인 1652년에 孝宗과 산
　　림의 인사를 기용하는 문제에 대해서 논의하던 서인 閔鼎重에 의해서 윤선거와 더
　　불어 천거되기도 하였다. 그런데 이때 이미 「四端七情人心道心說」과 『中庸新註』
　　등으로 윤휴의 학문적 경향이 알려져 있었다. 그런데도 민정중은 孝宗에게 윤휴를
　　재능과 지식이 뛰어난 인물로 천거하고 있었던 점은 주목할 만한 것이라고 생각된
　　다. 『효종실록』, 3년 4월 29일 정묘조.
54) 『효종실록』, 7년 1월 28일 정미조.

이라고 생각된다.

　조정에서뿐만 아니라 재야에서 윤휴에 대해 내린 평가도 흥미롭다. 다음은 송시열로부터 절의를 숭상하는 인물로 평가된 牛溪의 문인인 安邦俊55)이, 윤휴가 사문난적이라고 지목당한 이듬해인 1654년에, 윤휴를 평한 말이다.

> ‘安公이 편지를 받고 크게 기뻐하여 말하기를 “문장이 峻絶하고 詞氣가 正大하니 선비가 마땅히 이와 같아야지 않겠는가?” 다른 사람들에게 말하기를 “이는 나의 千里神交이다. 내가 나이가 들어 絶驟가 이르는 바를 보지 못함이 한스럽다”라고 하였다.’56)

　안방준은 윤휴의 학문을 문장이 준절하고 사기가 정대하다고 평가하면서 자신이 연로하여 윤휴와 교제하지 못함을 한스러워하고 있었다.

　이와 같이 당시 여론은 대체로 송시열의 사문난적 지목에 크게 주목하지 않았던 것으로 보인다. 그렇기 때문에 윤휴를 사문난적이라고 지목했던 송시열조차도 여론에 밀려 윤휴를 천거할 수밖에 없었던 것이다. 그 점이 다음과 같이 기록되어 있다.

> ‘윤휴가 『中庸』주석을 고치게 되면서부터 송시열이 사문난적이라고 배척하였다, 이 때문에 이조(吏曹)를 맡은 뒤에도 그를 임용할 뜻이 없었는데 이에 사방에서 비방이 일어나고 (중략) 비등하는 뭇 지평이 자못 급하게 밀리는 조수 같았다. 송시열이 나중에야 進善으로 의망했다.’57)

---

55) 『宋子大全』「年譜」, 19년 병술 12월조; 윤영선, 『朝鮮儒賢淵源圖』, 券上 13에서는 成渾과 尹煌의 門人으로 기록하고 있다.
56) 『백호전서』「연보」, 5년. ‘此吾千里神交也 恨吾耆老 未及見其絶驟所到’.

　이 기록은 윤휴를 사문난적이라고 생각한 송시열이 이조를 맡았을 때 윤휴를 천거하지 않으려 했으나 '사방에서 조수처럼 밀려오는 비방' 때문에 마지못해 윤휴를 進善에 의망하였다고 알려준다. 송시열의 개인적인 판단으로 윤휴가 추천되지 않는 것에 대해 당시 상당한 비판이 있었던 것을 알 수 있다.

　살펴본 바와 같이 송시열이 윤휴를 사문난적이라고 지목했을 때, 윤선거는 '윤휴가 고명하기 때문'이라며 송시열과 다른 입장을 보였으며,58) 윤휴가 사문난적으로 지목될 무렵을 전후로 윤휴는 서인인 민정중에 의해 천거되었으나, 그가 천거되던 자리에서조차 사문난적이라고 지목된 사실이 지적된 적은 없었다. 그는 오히려 학문에 힘써 품행과 도의가 탁월한 인물로 평가되고 있었다. 윤휴를 사문난적이라고 지목한 당사자인 송시열도 여론에 밀려 윤휴를 천거하기까지 하였다.

　이러한 점들은 송시열이 윤휴를 사문난적이라고 지목하였을 당시, 송시열의 지목이 사류들 사이에서 문제되지 않았다는 것을 알려주는 것이라고 생각된다. 적어도 당시 사류들은 송시열의 사문난

---

57) 『宋子大全』, 「年譜」 31년(戊戌) 11월 21일 갑인조.
58) 황산서원에서 尹宣擧는 자신을 尹鑴의 與黨이라고까지 몰아대는 송시열에게 지나치게 윤휴를 겁내고 있다고 지적한 적이 있었으며, 『宋子大全』 「年譜」, 31년(戊戌) 1월 21일 갑인조에는, 윤선거가 윤휴에 대한 사문난적 시비문제와 관련하여 송시열과 異論을 주장하여 뭇사람들의 귀를 현혹시켜서, 한때의 사류들이 윤선거가 어떻게 하는가를 관망하고 방향을 정하지 못하였다는 기록도 나온다. 또한 『宋子大全』 「年譜」, 26년(계사) 윤 7월 21일조에는 '美村 尹公(선거)이 牛溪(成渾)의 외손으로서 이 책(尹鑴의 『중용신주』)을 尊信하고' 있다는 세평이 있었던 것을 볼 때, 당시 윤휴에 대한 사문난적 시비문제와 관련하여 윤선거가 취하는 태도는 송시열과 달랐던 것으로 생각된다. 이러한 점은 후에 서인이 송시열을 영수로 하는 老論과 尹拯(윤선거의 아들)을 영수로 하는 少論으로 분화되는 과정에서 쟁점이 되기도 한다. 이것은 老論과 少論의 사상적 · 정치적 경향성의 단면을 보여주는 것이라고 생각된다.

적 시비를 두 사람 사이의 학문적 경향의 차이 정도로 이해하고 있었으며, 송시열의 지목을 전적으로 수용하지 않았던 것이다.

송시열의 윤휴에 대한 반감이 확산되었던 것은 기해년의 복제논쟁 이후이었다. 그 사정이 『黨議通略』에는 다음과 같이 기록되어 있다.

'이리하여 처음에는 세상사람들이 윤휴의 말을 두둔하는 이가 많았고 윤선거 부자도 처음에는 역시 삼년복을 옳게 여겼다. 그러나 송시열이 마침 이조판서의 자리에 있어서 서인들이 그를 존모하므로 감히 반대하지 못했다. 그러나 윤휴의 글이 세상에 나오고 또 윤선도의 상소가 있은 뒤로는 비로소 남인들이 이것을 빌어서 송시열을 죽이고 서인을 쫓아내려 하는 것임을 알고, 서인들이 한꺼번에 일어나서 송시열을 두둔하고 윤선도를 공격했다.'59)

이 기록은 남인이 복제문제를 기회로 송시열과 서인을 공격하려 하자, 처음 윤휴의 삼년설을 옳게 여겼던 서인들도 송시열을 지지하게 되었다는 것을 알려준다. 복제문제는 윤휴의 발언을 필두로 정치적 쟁점이 되어, 서인과 남인의 당론적 성격을 띠면서 정치문제로 비화되었던 것이다. 권시의 경우에서도 알 수 있듯이 남인의 삼년복과 서인의 기년복으로 각기 그 입장이 정해지면서, 서인은 己亥禮訟에서 그들과 견해를 달리하는 사람을 용납하지 않게 되었다.

이렇게 되자, 처음 복제문제를 거론한 윤휴에 대한 서인들의 반감이 커졌고 윤휴와 서인들의 관계도 달라졌던 것이다. 윤휴는 그것을 다음과 같이 회고하고 있다.

"제가 이유태에게 글을 보내어 당초 기년복으로 한 잘못을 극진히

---

59) 『黨議通略』, 「禮訟의 發端」 46.

논하여 서자라 하여 복제를 낮춘다고 한다면, 또한 종통을 의심하고 존
위를 손상하는 것이 아니겠는가 하였고, 또 허목과 논변한 것도 종통을
낮추고 존위를 손상한다는 뜻을 미루어 넓힌 것이었는데, 허목은 신의
글을 옳게 여겼으나, 이유태는 저의 말을 원망하여 화를 떠넘긴다고 배
척하여, 드디어 저와 끊었습니다. 송시열 등이 저의 말을 보고는 죽이
려는 생각이라 하여 또한 신과 끊었는데, 저도 마음을 굽혀서 그 사람
을 벗하려 하지 않은 지 이제 이미 15~16년이 됩니다. 이것이 일의
본말입니다.”60)

윤휴는 송시열 등의 서인과 절교하게 된 데에는, 자신이 서인의
기년복에 대해 반론을 제기하여 비롯된 己亥服制論爭이 주된 계기
였음을 술회하고 있는 것이다.

민정중과 윤휴가 절교했던 때도 기해예송 이후였다. 민정중은 한
때 윤휴를 천거했을 정도로, 서인 중에서도 윤휴와 교분이 두터운
편이었다.61) 그런데 기해예송으로 서인의 당론이 정해짐에 따라 윤
휴와 절교하였던 것이다.62) 윤선거 역시 마찬가지였다.63) 이처럼
기해예송을 기점으로 윤휴와 송시열의 관계는 말할 것도 없고, 민
정중·윤선거·이유태 등의 서인과의 관계도 급속히 냉각되었고,
자연 윤휴에 대한 평가도 달라졌다.

송시열의 개인적인 판단으로 시작되었던 윤휴에 대한 사문난적
지목은 복제논쟁을 거치면서 서인들 사이에서 확산되었으며, 윤휴

---

60) 『숙종실록』 원년 1월 21일 경진조.
61) 『현종개수실록』 원년(경자)정월 정사조;『숙종실록』 4년 6월 12일 신사조.
62) 『백호전서』 연보, 2년 신축(45세). 答閔鼎重書, ‘鼎重作長書抵先生 詬辱勸心力 先
生復書勸其平心靜觀 務爲平正之論 無使世道益趨於嶢險 鼎重亦不從’.
63) 『백호전서』 연보, 2년 신축 (45세). 答尹吉甫書, ‘吉甫之子拯時烈門徒也 日夜勸其
父 使從時烈 吉甫外怵於時烈 內迫於拯 改從碁年之說 而於先生實有惓惓之議 作長
書峻攻之.

가 정계에 진출한 이후로는 재고의 여지가 없는 사실로서 고착되었다. 그리하여 대다수의 서인들은 윤휴의 학문과 사상에 대한 송시열의 입장을 수용하게 되었고, 윤휴는 주자학에 반기를 든 적으로 규정되었던 것이다.

3) 朱子絶對主義와 朱子相對主義의 대립

그렇다면 송시열이 윤휴를 朱子에 대적하고자 한 斯文亂賊으로 지목하게 된 것은 무엇 때문이었을까?

송시열은 주자의 『中庸章句』가 있음에도 불구하고 「中庸說」를 쓴 윤휴의 학문태도를 용납할 수가 없었다. 송시열이 그러한 문제로 윤휴와 더불어 학문적 논쟁을 벌이지 않았던 것은 이 문제에 대해 조정할 필요조차 느끼지 못했던 것이라 생각된다. 그러므로 이 문제는 「中庸說」 내용 자체보다는 朱子와 朱子의 저술에 대한 認識과 관련되어 있는 것이라고 생각된다.

윤휴는 송시열이 자신의 저술을 문제 삼아 사문난적이라고 지목하였다는 것을 듣고 다음과 같이 자신의 입장을 밝히고 있다.

'後學이 감히 鄕人을 굽혀서도 속이는 마음을 싹틔우지 않았는데, 하물며 옛날의 聖賢의 마음이겠는가? 經典의 뜻이 아득하고 놀라워 배우는 자가 더욱 어두우니, 내가 古人의 말씀에 진실로 前人과 더불어 다른 설이 있으나 일찍이 겨우 다르지 않을 뿐인데, 오직 그 말한 바를 인하여 그 반복한 뜻을 말하였을 뿐이다. ……더욱 經典의 뜻이 연구하기 어려움을 보니 大賢의 마음이 크게 공변되어 바른 곳에 이르니, 이 것이 진실로 古人이 쓴 것 이외의 전하고자 하는 오묘함인데 또한 어찌 속이고 어그러뜨린다고 한단 말인가?'64)

라고 하였던 것이다. 윤휴는 주자를 古人의 말씀을 탐구한 '前人'
으로 보았고, 자신을 '後學者'라고 생각하였다. 경전의 뜻은 너무
깊은 것이어서 前人도 다 말하지 못하는 것이 있으므로 後學者, 즉
後人이 더욱 연구하여 古人의 뜻을 전할 수 있다는 것이다. 그러한
태도가 바로 주자의 학문하는 태도라고 주장하였던 것이다.65) 그는
더 나아가 천하의 의리에 대해서 학문하는 사람들의 태도에 대해
다음과 같이 생각하였다.

> "대저 天下의 義理는 無窮하고 聖賢의 말은 가르친 뜻이 깊어, 前人
> 이 이미 大義를 創達하고 後人이 그를 演繹하여 그 이미 말한 바로 인
> 하여 그 말하지 않은 바를 더욱 밝히니, 이는 文武의 道로 사람에게 떨
> 어지지 않으면 道가 더욱 밝아지는 것이다."66)

윤휴는 聖賢과 前人과 後人의 역할을 구분하여 언급하면서, 성현
은 천하의 무궁한 의리를 가르치고, 前人이 그 大義를 창달하면 後
人이 그것을 연역하여 前人에 의해 '밝혀지지 않은 것을 더욱 밝혀
야 한다'고 생각하였다. 윤휴에게 주자는 성현들이 남긴 經典의 의
미를 궁구하는 前人 중에 한 사람으로, 주자가 미처 밝히지 않는
이치는 다른 後人에 의해서 밝혀져야 한다고 했다. 즉 주자의 설을

---

64) 『백호전서』 행장, '(公聞而怠然曰)後學不敢萌誣枉鄕人之心 況古聖賢乎 經旨灝噩
    學者愈眩 余於古人之言 固有與前人異說者 然未嘗苟異而已 惟其因其所言 而發其
    反復之義焉 嘗讀朱子書 其於註解 書而復削 削而復書 或自會於意理改之 或因朋友
    門生之說而改之 至於易簀而後已 益可見經旨之難究 大賢之心大公至正處也 而此固
    古人書外傳心之奧也 亦何誣悖之謂耶'.
65) 『백호전서』 36권, 독서기 中庸序.
66) 『백호전서』 36권, 中庸朱子章句補錄. '蓋天下之義理無窮 而聖賢之言 旨意淵深 前
    人旣創通大義後之人又演繹之 因其所已言 而益發其所未言 此文武之道 不墜在人而
    道之所以益明也'. 이 기록에서 尹鑴는 정자와 주자 등이 『中庸』에 대해 연구를 하
    였으나 미진한 면이 있음을 지적하면서 이와 같이 말했던 것이다.

절대적인 것으로 받아들일 것이 아니라 그의 한계를 극복하고 학문의 발전을 도모해야 한다고 생각하였던 것이다.67) 윤휴는 주자를 經典의 의미를 궁구하는 後學者의 한 사람에 불과하다고 여겼던 것이다.

朱子에 대한 윤휴의 상대주의적 인식은 윤휴가 출사한 이후 경연에 입시하였을 때 『논어』의 朱子註解를 읽을 것인가의 여부를 두고 일어난 논쟁에 잘 나타나 있다.68) 윤휴는 주자의 註解를 읽을 필요가 없다고 하였는데, 이에 대해 서인 김석주가 주자의 註解를 버릴 수 없다고 반박하였다. 그러자 윤휴는 과거를 준비하는 선비는 註解를 참고해야겠지만, 經筵에서는 이를 구태여 읽을 필요가 없다고 주장하였다. 윤휴는 朱子의 註解를 필요에 따라 取捨할 수 있는 것으로 인식하고 있었던 것이다. 이러한 태도는 朱子의 권위를 절대적으로 받아들였던 것과는 차이가 있는 것이라고 할 수 없다.69)

이 같은 주자에 대한 입장은 경전 이외의 경우에서도 마찬가지였다. 윤휴는 한백겸의 蓍草를 세는 법에 대한 글을 살펴보던 중에 한백겸의 논설이 주자의 그것과 상치되는 것을 발견하게 되었는데, 한백겸의 논설이 경문에 근거하여 취한 것으로 그 논의가 정당하므로 이의를 제기할 수 없다고 하면서 오히려 주자가 이 논설을 보게

---

67) 宋贊燮,「白湖 尹鑴傳」,『실학논총』, 전남대학교 출판부, 1975 참고.
68) 『숙종실록』 원년 1월 18일 정축조.
69) 『숙종실록』 원년 윤 5월 26일 계축조에는 朱子의 註를 읽을 필요가 없다는 윤휴의 발언을 반대하는 서인 김만중의 상소가 나온다. 김만중은 주자를 상대적으로 인식하는 윤휴를 마땅하지 못하다고 하며 『논어』의 朱子의 註釋을 폐할 수 없다고 하였다. 그러나 숙종은 김만중을 파직시켰다. 이 같은 사실은 당시는 주자상대주의적 성향을 보였던 윤휴와 같은 입장이 수용될 만한 융통성을 지니고 있었다는 것을 반영하는 것이라 생각된다.

된다면 버리지 않고 취할 것이라고 하였다.70) 즉 주자의 견해가 절대적 가치를 지닌 것은 아니라고 생각한 것이다.

뿐만 아니라 윤휴는 당시 관행을 묵수하기보다는 경전에 의거하여 보다 철저히 하고자 하였는데, 경연석상에서 성현의 이름을 기휘하는 문제가 일어났을 때 윤휴는 『예경』에 詩經과 書經을 읽을 때는 기휘하지 않고, 문장을 지을 때도 기휘하지 않는다고 주장하여, 경연에서는 구태여 기휘할 필요가 없다고 주장하였다.71) 이 같은 태도는 당 시대인들에게는 파격적인 것으로 인식되었다. 당시 관행을 묵수하는 것이 아니라 그 의미를 숙고하여 선현들의 뜻에 어긋난다고 생각되는 것은72) 과감하게 바꿔야 한다고 하였던 것이다.

그런데 윤휴가 朱子와 朱子의 저술의 권위를 상대적으로 인식하고 있었던 것에 비해, 송시열은 달랐다. 송시열은 주자를 절대적인 존재로 인식하여, 주자를 '공자 이후의 第一人者'73)로 여겼다. 그는 '朱子가 있은 후로 義理가 밝아져 밝혀놓지 않은 데가 없으니 혹시 조금이라도 朱子의 말과 어그러진다면 雜說이 될 것'이라고 생각할 정도로74) 朱子의 권위를 절대적인 것으로 인정하였던 것이다.

朱子에 대한 認識의 偏差는 學問 領域에서도 나타났다. 송시열은 四書를 중심으로 한 朱子學에 경도되어 있었다. 송시열은 그 자신의 독창적인 저술보다도 朱子의 저술을 더 정밀하게 이해하기 위해

---

70) 『백호전서』 27권, 「만필」(하), '而倘使朱夫子見之 其在所取乎 所棄乎 朱夫子之言曰 天下公義理 且從大家商量 此固聖賢之心也'.
71) 『백호전서』 6권, 「辭大司憲疏—再疏」, '蓋臣於其日 因筵臣欲諱顔曾之名 遂泛論禮 經詩書不諱 臨文不諱之義'.
72) 윤휴의 경전연구 방법을 '以經釋經'이라고 규정할 정도로 다른 경전의 내용에 의거하여 경전을 해석하는 모습을 보이고 있다. 김성윤, 「백호 윤휴의 홍범관 연구」, 『역사와 현실』 34, 157쪽.
73) 『宋子大全』 「年譜」 15년(壬午).
74) 『宋子大全』, 「年譜」 31년(戊戌) 12월 19일 신사조.

朱子가 쓴 글의 맥락과 용어를 설명하는 작업에 주력하였을 정도로 朱子學에 깊이 몰두해 있었던 것이다.[75]

송시열이 윤휴를 斯文亂賊이라고 지목하였던 것도 이러한 맥락에서 이해해야 될 것이라고 생각된다. 이미 언급하였듯이 윤휴는 朱子의 절대적인 권위를 인정하지 않았다. 그는 朱子를 학문연구의 대상으로 삼았으며, 朱子學의 한계를 극복하려는 성향을 가지고 있었던 것이다. 그러나 송시열은 『中庸』은 물론이거니와 經典에 대한 朱子의 저술에 절대적인 권위를 부여하고 있었기 때문에 朱子 이외의 다른 견해를 용납할 수 없었다. 그러므로 송시열은 朱子를 상대적으로 인식하고 있던 윤휴를 坐視할 수 없었던 것이라 생각된다. 윤휴가 주자의 학문적 권위를 전적으로 무시하였던 것이 아니었음에도 불구하고[76] 주자의 권위를 절대적인 것으로 묵수하던 송시열 등의 입장에서는 윤휴의 이러한 태도를 용납할 수 없었던 것이다.

당시는 四書 중심의 朱子性理學이 주도하며 그 체제를 굳혀가던 시기였다. 그렇지만 이 무렵 六經을 중심으로 한 原始儒學에 대한 관심도 높아지고 있었다. 이런 경향은 주로 南人들을 중심으로 형성되었는데, 古文에 관심이 많았던 허목도 그런 경향을 띤 인물이었다고 할 수 있다. 그런데 송시열이 윤휴를 특히 지목하였던 것은 윤휴가 저술활동 등을 통해서 原始儒學으로 경도된 성향을 가장 노골적으로 드러냈기 때문이었다.

송시열은 그러한 경향의 윤휴를 斯文亂賊이라고 지목함으로써

---

75) 이봉규, 「조선성리학의 전통에서 본 송시열의 성리학 사상」, 『한국문화』 13, 서울대학교 한국문화연구소, 1992, 451쪽-452쪽.
76) 「中庸朱子章句補錄序」에는 윤휴가 주자의 학문에 대한 권위를 인정하고 있음을 알 수 있다.

양란 이후 흔들리고 있는 朱子學의 위상을 더 공고히 하고 그를 기반으로 조선사회를 안정시키고자 하였던 것이다. 즉 송시열이 윤휴를 斯文亂賊이라고 지목했던 것은 윤휴가 추구하는 학문에 대한, 그리고 그 학문이 일으킬 파급에 대한 견제의 의미도 포함되어 있었으며, 주자학적 질서를 재확립하고자 하였던 것이다.

Ⅳ 國家自尊的 北伐大義論

1. 反正名分의 强化와 孝宗의 北伐政策

1) 仁祖反正의 名分과 孝宗의 王位繼承

광해군 15년(1623) 光海君을 폐위시키고 선조의 손자인 綾陽君 倧을 추대한 反正이 일어났다. 서인과 남인은 광해군이 동생을 살해하고 인목대비를 폐함으로써 人倫을 저버렸다는 것과 明나라에 대한 은혜를 잊고 오랑캐, 즉 後金과 통교하였다는 것을 이유로 反正을 일으켰다.

당시 光海君과 大北政權은 정권의 안정을 위해 정치적 무리수를 두었다. 광해군 원년부터 10년 사이에 벌어진 일련의 사건—臨海君(1574-1609)의 宗室名簿에서의 除名과 殺害, 永昌 大君(1606-1614)의 廢庶와 賜死, 영창 대군의 外祖 金悌男의 流配와 賜死, 仁穆 大妃의 幽閉와 廢位 등은 성리학적 관점에서 悖倫으로 간주되었다.[1]

---

1) 광해군과 대북정권에 대해서는 薛錫圭, 「光海朝 儒疏動向과 大北政權의 社會的 基盤」, 『조선사연구』 2집, 복현조선사연구회, 1993; 韓明基, 「光海君代의 大北勢力과 政局의 動向」, 『韓國史論』 20, 서울대학교 국사학과, 1988; 禹賢玖, 「來庵 鄭仁弘과 光海朝 政局主導勢力」, 『교남사학』 4, 영남대학교 국사학회, 1989 참고.

이러한 대내적 사건과 더불어 光海君의 對淸外交路線이 문제되었다. 광해군은 '中立外交'를 통해 明과의 관계는 물론 당시 세력을 확장하고 있던 後金과도 원만한 관계를 유지하고자 하였다. 이 같은 광해군의 외교정책은 명나라에 대한 은혜를 저버린 것으로 간주되었던 것이다.

그러나 광해군을 충순한 군주로 평가하고 있었던 명나라 조정에서는 광해군의 폐위를 불법적인 簒奪로 여겨, 反正 초기에 인조의 왕위를 인정해 주지 않았다. 인조와 반정세력은 그 정당성을 확보하는 데 상당한 애로를 겪게 되었고 '광해군이 후금과 밀통하여 명나라에 대해서 悖倫을 저질렀음'을 부각하는 데 주력하였다.

또한 명나라가 후금과 대치하고 있는 상황을 역이용하여, 조선이 후금을 치기 위해서는 병력을 동원할 군주가 있어야 하므로 명나라가 하루라도 빨리 인조를 책봉해 주어야 한다는 논리로 명나라를 설득하였다. 명나라도 부자관계의 입장에서 마땅히 찬탈을 응징해야 한다는 입장과 조선의 새로운 정권을 회유하여 후금과의 전쟁에 이용해야 한다는 입장으로 고민하였지만, 결국 명나라는 인조를 책봉하는 입장으로 돌아섰다.[2]

광해군의 외교노선을 부정하였던 인조정권은 후금과의 외교를 단절하였고 결국 후금으로부터 두 차례에 걸친 침입을 받게 되었다. 정묘호란은 명나라와의 관계를 유지하면서 청나라와 형제관계를 맺는 화의교섭으로 매듭되어 主和論과 斥和論의 대립이 격화되지는 않았다.[3] 그러나 병자호란은 달랐다. 주화론과 척화론이 첨예하게

---

2) 한명기, 「광해군대의 대중국 관계」, 『진단학보』 79, 진단학회, 1995, 127-132쪽. 당시 명나라는 광해군을 '충순한 군주'로 평가할 정도였다.
3) 『인조실록』 5년 2월 23일 경신조; 全海宗, 「정묘호란의 화평교섭에 대하여」, 『한중관계사연구』, 일조각, 1979, 123-131쪽.

대립하는 가운데 결국 청나라의 군사적 무력에 굴복하여 國體의 상징인 인조가 직접 청나라 태종 앞에 나가 城下의 盟約을 하고 신하로서 事大의 禮를 다할 것을 약속하는 치욕적인 화친을 맺는 것으로 종결되었다. 그리하여 인조가 제후국의 왕으로서 책봉받았으며 聖節·正朝·冬至에 사신을 보내는 등 종래에 명나라에 행했던 것과 같은 禮를 행하게 되었다.[4]

이 같은 사태는 광해군의 中立外交를 명분으로 폐위시킬 만큼 崇明排淸意識이 강하였던 분위기를 생각할 때, 상당한 파장을 예고하는 것이었다. 그런데 당시 主和論을 주도했던 세력은 대체로 反正의 主導勢力이었다. 그들은 전쟁이 일어난 지 겨우 8일 만에 主和論을 들고 나왔다. 청나라의 침입을 받고 主和와 主戰을 두고 논란이 계속되던 중에 反正勢力은 막강한 청의 군사력 앞에서 전세가 불리해지자 강화를 맺는 쪽으로 논의를 모아갔다. 당시 김류와 홍서봉은 '이런 지경까지 와서 어느 겨를에 명분을 다투겠습니까'라며 강화할 것을 권하였다.[5] 이미 패전이 확실해진 상황에서 명분을 내세워 정국의 불안을 초래하기보다는 하루라도 빨리 정국을 안정시키기 위해서 강화를 체결해야 한다는 주장이었던 것이다. 인조역시 자신의 왕권에 치명적인 약점이 된다는 것을 알았지만,[6] 국가의 존망이 위태로운 상황에서 강화는 불가피한 선택이었던 것이다.

---

4) 청대의 朝貢關係에 대해서는 전해종, 「淸代 韓中朝貢關係考」, 『韓中關係史硏究』, 일조각, 1979, 77-111쪽; 최소자, 「중국 측에서 본 丁卯·丙子 兩役」, 『명청시대 중한 관계사 연구』, 이화여자대학교 출판부, 1997, 103쪽.
5) 『인조실록』 14년 12월 17일 정해조.
6) 『인조실록』 15년 4월 17일 병술조에 의하면 좌의정 이성구가 당시 光海君을 제주로 옮기려고 한다는 것을 알고 민심도 흡족해하지 않을까 염려된다 하며 완곡하게 반대를 하자, 인조는 '국가가 10년 사이에 세 차례의 변란을 겪었으니, 光海 자신을 위해서도 제주로 옮기는 것이 편안할 것'이라고 하는 기록이 있다.

청나라는 강화의 조건으로 昭顯 世子와 두 왕자, 三公六卿의 子弟를 人質로 요구하였다.7) 이렇게 하여 소현 세자를 비롯한 조정 대신의 자제들의 심양생활이 시작되었다. 인조는 청나라의 무력에 항복하여 세자와 왕자를 인질로 보내기는 하지만, 그들이 조선의 왕세자와 왕자로서 지조와 청나라에 대한 적대감을 잃지 않기를 바랐다.8) 그러나 소현 세자의 심양에서의 생활은 인조의 기대에 미치지 못하였다. 오히려 소현 세자는 청나라의 대신들과 우호적인 관계를 유지하였다.9)

뿐만 아니라 소현 세자는 서양문물에 대해서도 관심이 많았다. 당시 북경에는 이미 서양 선교사들이 들어와 활동하고 있었으며 그들을 통해 서양의 문물이 많이 들어와 있었다.10) 소현 세자는 심양에 머물면서 북경을 방문하는 일이 있었는데 이때 예수교 선교사 아담 샬과 접촉하며 서양의 문물에 많은 관심을 나타냈다. 소현 세자가 귀국할 때 '북경의 物化'를 많이 싣고 왔다는 기록이 있는데11) 이들 북경의 물화 가운데 서양에서 입수된 물건들도 있었다.12)

인조는 이러한 소현 세자의 태도를 긍정적으로 생각하지 않았다. 더욱이 청나라는 인조에게 정치적 압박을 가하기 위해서 '왕위교체설'을 흘리곤 하였다. 인조를 폐위시켜 심양으로 데려오고 대신에 소

---

7) 『인조실록』 15년 1월 28일 무진조에는 청나라가 제시하는 강화조건이 기록되어 있다.
8) 『인조실록』 15년 4월 18일 정해조.
9) 김용덕, 「소현세자연구」, 『사학연구』 18, 한국사학회, 1980, 439-440쪽. 청나라 측은 소현 세자를 조선 조정과 교섭하는 창구로서 활용하고자 하였기 때문에 소현 세자를 비롯한 인질들과 우호적인 관계를 유지하고자 노력하였다.
10) 이원순, 「서양문물·한역서학서의 전래」, 『조선서학사연구』, 일지사, 1986, 52-54쪽 참고.
11) 『인조실록』 23년 3월 9일 임진조. 세자가 돌아올 때에 북경의 물화를 많이 싣고 왔으므로 사람들이 매우 실망했었다는 기록이 있다.
12) 강재언, 「소현세자와 아담 샬」, 『서양과 조선』, 학고재, 1998, 57-69쪽 참고.

현 세자를 즉위시킨다는 것이었다.[13] 청나라와 우호적인 관계를 유지하는 소현 세자의 입장으로 보아서 전혀 불가능한 일도 아니었다.

게다가 소현 세자는 심양에서의 인질생활을 통해 정치적 힘을 뒷받침해 줄 만한 경제적 부를 축적하였다. 청나라에서 소현 세자 일행에게 체류비용을 감당하도록 막대한 토지를 제공하였고, 소현 세자는 조선인 피로인들을 동원하여 그 토지를 경작하였는데,[14] 그 소출이 상당하였던 것이다.[15] 소현 세자의 경제력에 대해서 다음과 같은 기록이 남아 있다.

> "이 사람이 귀국할 때에 금백을 많이 싣고 왔으니, 이것을 뿌린다면 무슨 일인들 못하겠는가. 大臣과 六卿은 내가 본디 의심하지 않으나, 庸劣 鄙陋하고 無識하여 재물에 탐이 나서 의리를 망각한 자들은 꾐을 당할 리도 없지 않을 것이다."[16]

소현 세자의 경제력에 대한 인조의 혐의에 찬 말이다.[17] 인조는 소현 세자를 위험스럽게 여겼던 것이다.

이러한 인조의 위기의식은 명나라가 멸망하여 더 이상 인질을 억류할 필요가 없던 청나라에서 그들을 돌려보내겠다고 통보해 왔을 때, 청나라의 조치가 다른 의도, 즉 왕위교체와 관련된 것은 아닌지

---

13) 『인조실록』 24년 2월 3일 경진조.
14) 최소자, 「淸廷에서의 소현세자」, 『사학논총－전해종박사화갑기념』, 전해종박사화갑기념사학논총편집위원회, 일조각, 1979, 378쪽.
15) 『인조실록』 23년 6월 27일 무인조.
16) 『인조실록』 24년 2월 7일 갑신조. 또한 동년 동월 6일조에도 '강 씨가 재물이 많아 사람을 잘 유인하며'라는 기록이 있다.
17) 『인조실록』 23년 4월 26일 무진조에 세자의 심양생활을 언급하는 가운데 '심양에 있은 지 오래니 모든 행동을 일체 청나라 사람 하는 대로만 따라서 하고……학문을 강론하는 일을 폐하고 화리만을 일삼으면서 토목공사나 구마나 애완하는 것을 일삼아서 적국으로부터 비난을 받고 크게 인망을 잃었다'는 기사가 보인다.

에 촉각을 세우고 있는 모습 속에 잘 나타나고 있다.[18] 인조는 왕위교체를 정치적 압박용으로 활용하였던 청나라의 저의를 의심하였던 것이다.

인조가 세자의 환국을 달가워하지 않았다는 것은 세자가 청나라 사신과 함께 귀국하였을 때, 직접 나와서 맞이하기를 청하는 청나라의 요구에 대하여 건강을 이유로 거절하다가 세 차례나 요구해 오자 마지못해 따르는 모습에서도 엿볼 수 있다. 인조는 환국하는 소현 세자에 대해 매우 불편한 심기를 나타냈던 것이다.[19]

인조는 자신의 뒤를 이어 왕위에 오를 소현 세자의 심양에서의 생활을 매우 부정적으로 생각하였고, 소현 세자의 후계마저도 탐탁지 않게 생각하였다. 이것은 소현 세자가 인질생활 9년 만에 돌아와 불과 한 달여 만에 학질로 사망한 뒤에 벌어지는 차기 후계자 지명을 둘러싼 논쟁을 통해 알 수 있다.[20]

소현 세자가 조선에 돌아온 이후 죽음에 이르는 두 달 동안의 세자의 동정에 대한 기록은 실록에는 거의 없다. 단지 세자가 갑자기 병이 났는데 학질로 판명되고 이틀 동안 침을 맞고 발병 삼 일째 죽었다는 기록이 전부일 뿐이다.[21]

조정에서 의원의 진찰이 잘못되어 왕세자가 죽음에 이르렀으니 국문하여 죄를 주어야 한다는 논의가 있었음에도 불구하고 인조는 '의원들이 신중하지 않은 일이 별로 없으니 굳이 잡아다 국문할 것 없다'고 하면서 오히려 의원들을 두둔하였다.[22] 또한 대신들이 3일

---

18) 『인조실록』 22년 12월 6일 경신조.
19) 『인조실록』 23년 2월 18일 신미조.
20) 이영춘, 「소현세자와 효종의 계승권」, 『조선후기 왕위계승 연구』, 집문당, 1998, 190-205쪽.
21) 『인조실록』 23년 4월 23일 을해조에 발병기사가 실렸으며, 24일과 25일에 침을 맞았다는 기록이 있으며 26일 무인조에 죽었다는 기록이 있다.

만에 입관하는 것은 세자의 喪禮에 합당하지 않다고 만류하였으나 인조는 입관을 서둘렀다.23) 인조는 소현 세자의 죽음을 서둘러 마무리하고자 하였으며, 그 喪禮도 야박하게 하였던 것이다.24) 이로 인해 소현 세자에 대한 喪禮를 바로잡아야 한다는 상소가 올라왔으나 인조는 끝내 바로잡지 않았다.

더 나아가 소현 세자의 大喪이 끝나고 世孫으로 國本을 세워야 한다는 의견이 진달되자,25) 인조는 元孫을 제치고 鳳林 大君을 世子로 책봉할 것을 요구하였다. 인조는 '元孫이 微弱하여 元孫이 성장하기를 기다릴 수 없다' 하며 '대군 가운데서 선택하여 세우고자 한다'고 주장하였던 것이다. 이에 김자점을 제외한 대부분의 조정 대신들은 종통을 우선시하는 입장을 밝혔다. 그러자 인조는 '원손의 자질 문제'를 거론하며 적극 반대하였으며, 인조의 주도 아래 조정의 논의는 봉림 대군으로 세자를 삼는 쪽으로 기울었다.26) 또한 인조는 소현 세자의 처가인 강씨들을 특별히 드러난 죄가 없음에도 불구하고 '먼데로 이주시켜 인심이 진정되기를 기다리자'는 계획을 세우는 등 봉림 대군을 세자로 책봉하기 위한 준비작업을 하였다.27)

결국 인조의 의도대로 봉림 대군을 왕세자로 책봉하였다. 봉림 대군의 세자 책봉 후에는 姜嬪의 獄事가 일어나고 소현 세자의 아

---

22) 『인조실록』 23년 4월 27일 기묘조에는 침을 놓았던 이형익을 죄주라는 건의와 이에 윤허하지 않은 인조의 대화가 기록되어 있다. 이 외에 23년 5월 20일 신축조의 송준길의 상소가 대표적이다.
23) 『인조실록』 23년 4월 26일 무인조.
24) 소현 세자의 죽음이 인조의 주도하에 자행된 독살이라는 설이 제기되었다. 김용덕의 앞의 논문에서는 소현 세자의 죽음을 인조에 의한 독살로 단정하고 있다.
25) 『인조실록』 23년 5월 6일 정해조 안시현의 상소.
26) 『인조실록』 23년 6월 2일 계축조.
27) 『인조실록』 23년 8월 25일 갑진조.

들들이 유배되는 등 정국은 봉림 대군이 정권을 이어받는 쪽으로 기울어졌다.

인조는 서인이 주도한 반정을 통해 왕위에 추대되었다. 反正의 名分은 광해군 정권의 悖倫行爲와 淸나라와의 通交였다. 그러나 당시 그 세력을 확장하고 있던 청나라와의 외교정책의 실패로 두 차례의 전쟁을 불러일으켰다. 결국 君臣關係를 맺게 되었는데 이는 반정명분을 크게 손상시키는 일이었다.

청나라에 굴복한다는 것이 곧 자신들의 정권기반을 부정하는 것이 됨에도 불구하고 반정의 주도세력은 정국의 빠른 안정을 위해 청나라와의 강화에 적극적으로 나섰다. 이러한 상황은 반정세력에 의해 왕으로 추대된 인조에게는 상당한 부담으로 작용하게 되었고 인조는 자신의 왕권의 정통성과 깊은 관련이 있는 반정명분을 공고히 하고 계승하기 위한 자구책을 마련하는 데 힘쓰게 되었던 것이다.

이 같은 상황에서 인질로 잡혀갔던 소현 세자는 인조의 기대와는 달리 청나라에 대해 우호적이었고, 이것은 인조에게 상당한 정치적 부담이 되었다. 인조는 자신의 집권명분이 훼손될 소지가 있는 소현 세자를 배제함으로써 자신의 정치기반을 확실히 해두고자 하였던 것이다. 그리하여 인조는 소현 세자의 의심스러운 죽음 이후 인조반정의 명분을 계승할 만한 봉림 대군을 세자로 책봉하고, 姜嬪 賜死·姜氏 逐出·昭顯 世子의 아들들의 流配 등 일련의 사건을 통해 위험한 세력을 제거했던 것이다.

인조 사후 왕위에 오른 봉림 대군, 즉 효종은 재위 기간 동안 北伐을 기치로 정국을 운영하였다. 그것은 곧 인조반정의 명분을 계승한 것이라고 할 수 있다. 효종은 자신의 왕권계승의 명분이었던 崇明義理를 실현하기 위한 북벌정책을 추진하였으며, 이후 북벌정

책은 그 현실적 가능성은 차치하고 정국운영에 중대한 영향을 미치
게 되었던 것이다.

2) 山林의 政界進出과 崇明義理論的 北伐論

당시 서인 산림계는 효종의 왕위계승에 대해 부정적이었다.[28] 산
림의 반대에도 불구하고 김자점을 비롯한 서인 관료의 도움을 받아
세자에 책봉되어 왕위에 오른 효종은 왕위의 정통성을 확보할 필요
가 있었다. 이를 위하여 효종은 청나라와의 전쟁에서 패배한 후, 오
랑캐와 和親한 不義한 朝廷에 몸담을 수 없다고 생각하여 정계를
떠난 인사들과 자신의 왕위 계승에 동의하지 않았던 인사들의 협력
을 이끌어 내고자 하였다.[29]

이런 노력은 인조 말년부터 시도되었다. 인조는 봉림 대군을 세
자에 책봉한 직후에 金長生 문인의 중심인물인 金集, 宋浚吉, 宋時
烈 등을 불러들여서 세자교육을 맡기려고 하였다. 그러나 그들은
昭顯 世子의 喪禮가 잘못 시행된 점과, 鳳林 大君보다는 元孫 교
육의 중요성만을 강조하며 조정에 들지 않았다.[30]

이러한 정황을 잘 알고 있었던 효종은 즉위 직후 '金集 · 宋浚吉 · 宋
時烈 · 權諰 · 李惟泰 등을 불러들이자'는 대신들의 요청에, '先朝에
서도 불러들이기 어려웠던 사람들인데 어찌하여 자신을 위하여 오
려 하겠느냐'며 못내 아쉬워하며, 그들을 불러들이는 일이 만만치

---

28) 오항녕, 「조선 효종대의 정국의 변동과 그 성격」, 『태동고전연구』 9집, 한림대학교
    태동고전연구소, 1993, 49-52쪽.
29) 김세봉, 「인조 · 효종대 山人세력의 형성과 진출」, 『동양학』 제24집, 단국대학교 동
    양학연구소, 1994, 14-17쪽.
30) 『인조실록』 23년 10월 9일 정해조.

않음을 토로하였다.31)

그런 와중에 효종은 인조의 葬禮 절차에 관한 諮問에 응하기 위해 상경한 金長生의 문인에게 관직을 제수하였다.32) 金集에게는 工曹 參判, 宋浚吉과 宋時烈에게는 侍講院 進善, 權諰와 李惟泰에게는 工曹 佐郎을 임명하였던 것이다.33) 이를 계기로 서인 산림의 정계진출이 시작되었다. 이들의 정계진출 명분은 송시열이 올린 '己丑封事'에 잘 나타나 있다.34)

송시열은 이 상소문에서 孔子의 春秋大一統의 義理－尊中華攘夷狄에 근거하여 명나라가 中華人의 국가였다는 사실 자체만으로 명나라를 존숭해야 한다고 주장하였다.35) 그는 명나라의 恩德에 대해서 다음과 같이 말할 정도였다.

"(하물며) 우리나라는 실로 신종 황제의 은혜를 입어 임진왜란에 죽을 지경에서 소생되었으니 우리나라의 풀 한 포기 나무 한 그루와 백성의 모발 하나하나에도 皇恩이 미치지 않은 것이 없습니다. 그런즉 오늘날에 있어서 怨毒憤痛하는 자를 천하에 들어 누가 우리만 하겠습니까!"36)

---

31) 『효종실록』 즉위년 5월 14일 임신조.
32) 『효종실록』 즉위년 6월 24일 임자조 참고.
33) 『효종실록』 즉위년 6월 16일 갑진조에는 宋時烈과 宋浚吉이 侍講院 進善에 제수되었고, 이어 6월 19일 정미조에 다시 趙翼을 右參贊으로, 宋時烈을 掌令으로 삼았다. 6월 23일 신해조에는 권시와 이유태를 工曹 佐郎으로 삼았으며 7월 2일 기미조에는 金集을 大司憲으로 삼았다. 서인 산림계를 등용시키고자 하였던 것이다.
34) 송시열은 효종의 召命에 응하여 입조하였다가 며칠 후 사소한 사건으로 낙향하였다. 기축봉사는 이때 올린 상소문으로 송시열의 정치적 입장을 이해하는 데 매우 중요한 자료이다.
35) 송시열은 復讐雪恥를 위한 구체적인 실천방안으로써 유교정치의 보편적인 관념인 克己正心, 齊其家, 近忠直, 恢公道, 明體統, 振紀綱, 節財用, 革奢靡, 紓民力을 제시하고 있다. 이는 송시열의 북벌론이 지닌 관념적이며 추상적인 성격을 보여주는 것이라고 할 수 있다. 이영춘, 「尤菴 송시열의 尊周思想」, 『청계사학』2, 한국정신문화연구원 청계사학회, 1985, 141－143쪽.
36) 『송자대전』 5권, 「己丑封事」, '況我國信賴神宗皇帝之恩 壬辰之變 宗社已墟而復存

그는 조선이 임진왜란을 극복할 수 있었던 것은 명나라의 신종 황제의 은혜를 입었기 때문이므로 풀 한 포기, 나무 한 그루, 하물며 백성의 모발 하나하나에도 그 은혜가 깃들어 있다고 할 정도였다. 中華인 명나라가 멸망하고 북경이 夷狄의 손에 넘어가 천하가 주인 없는 지경에 빠지고 조선까지도 유린당하게 되었다고 여겼던 것이다. 仁祖反正과 西人政權의 명분이기도 하였던 尊明排淸意識을 다시 한번 확인한 것이라 할 수 있다. 더 나아가 송시열은 그 명분을 실현하기 위해서 北伐雪恥할 것을 촉구하였던 것이다.

復讐雪恥를 실현하기 위해서는 무엇보다도 강력한 군사력이 조성되어야 했다. 송시열은 國小力弱이라는 군사적 열세를 극복하기 위하여 ‘修政事 以攘夷狄’의 논리를 내세우며 북벌정책을 추진해야 한다고 주장하였다. 그는 안으로 위축된 사회경제기반과 군사력을 재건하여 밖으로 夷狄, 즉 청나라의 무력간섭을 배제하고 중화중심의 세계질서를 회복해야 한다고 주장하였던 것이다. 송시열은 그를 위하여 內修外攘을 주장하였다. 그리고 북벌 준비태세라고 할 수 있는 內修를 위해서 먼저 군주의 格致誠正 공부를 우선 과제로 들고 나왔던 것이다. 이러한 송시열의 주장은 당시 서인 산림계의 중론이기도 하였다.[37]

당시 송시열을 비롯한 중앙정계에 진출한 김장생의 문인은 修己에 입각한 왕도정치의 실현을 강조하였다. 민정중은 당시 재해와 가뭄마저 효종의 국정운영에 문제를 하늘에서 문책하는 것이라며 北伐보다는 言路를 開放하고, 姜嬪의 獄事의 內幕을 다시 조사하고,

---

生民幾盡而復蘇 我邦之一草一木 生民之一毛一髮 莫非皇恩之所及也 然則 在今日 所以怨毒憤痛者 擧天下孰知我哉’.

37) 김준석, 「17세기 정통주자학파의 정치사회론」, 『동방학지』 67, 연세대학교 국학연구원, 1990, 100-105쪽.

漂流 漢人들에 대한 배려 등 內治에 힘써야 함을 지적하였다.38)

또한 서인 산림세력은 효종의 신임을 받고 있던 仁祖功臣들을 공격하였다. 이들의 적극적인 공세에 대해 효종은 '김장생의 문인의 지나친 행동이 정국의 안정을 훼손시킨다'고 생각하였으나, 이들을 배제할 수는 없었다. 그러나 인조의 諡號문제39)와 大同法의 시행 여부를 둘러싼 의견대립40)으로 김장생의 문인이 정계를 떠나고, 효종과 공신세력을 중심으로 정국이 운영되었다.

효종은 재위 5년 북벌대의를 기치로 富國强兵策을 적극적으로 추진하기 시작하였다. 북벌을 염두에 두고 元斗杓를 兵曹判書로 삼고, 金益熙를 吏曹判書로 발탁하여 强兵에 따르는 財源 捻出을 담당하게 하고 御營軍을 增置하며 營將制를 복설하여 지방별로 설치하고 奴婢推刷都監을 설치하여 공노비의 推刷를 강행하였다.41) 이러한 부국강병책에 대하여 金堉은 백성을 안정시키지 못한다고 하며 끝까지 반대하였고 급기야 사퇴를 하였다.42)

金堉의 정계일선에서의 퇴진으로 서인 관료계인 漢黨이 약화되었으며 山林의 徵召를 요구하는 소리가 높아지는 속에 효종 9년 김육이 死去하는 시점에서43) 송시열 등 산림계의 정계진출이 이루어졌다.44) 서인 산림계의 정계진출은 사실상 효종의 독단적인 정국

---

38)『효종실록』3년 4월 26일 정묘조.
39)『효종실록』즉위년 6월 갑인조.
40) 이에 대해서는 대동법 시행에 대한 의견차이라기보다는 인재등용방법과 절차에 대한 의견대립이라는 주장도 있다. 오항녕,「조선 효종대 정국의 변동과 그 성격」,『태동고전연구』9집, 태동고전연구소, 1993, 20쪽.
41) 심민식,『효종조 북벌론의 성립과정에 대한 연구』, 고려대학교 교육대학원 석사학위논문, 1987, 57-66쪽.
42) 정만조,「17세기 중반 漢黨의 정치활동과 국정운영론」,『한국문화』23집, 1999, 119-121쪽.
43)『효종실록』9년 9월 5일 기해조.
44) 효종 9년 2월 이후 송시열은 이조 참의, 예조 참판에 임명되었으나 나아가지 않다

운영에 대한 비판을 의미하는 것이었다.

다시 정계에 진출한 서인 산림계는 內修外攘의 原論的 北伐大義를 주장하였다. 이미 효종 8년 7월에 입조해 있었던 송준길은 『心經』講論을 통해 性理學的 理念에 입각하여 君主의 處身을 공부하는 '聖學'을 권장하였다.45) 재야 지식인들의 신망을 받고 있던 송시열도 당장에 軍備擴張을 중단하고 修身에 치중해야 한다고 주장하였다.46) 서인 산림계는 효종의 北伐政策에 원칙적으로는 동의하였지만 尙武主義와 그 지지세력이 성장할 수 있는 軍備增强을 國政의 急先務라고 생각하지 않았던 것이다.

송시열은 기본적으로 尊華攘夷를 불변의 진리로 생각하였으며, 明과 조선과의 관계는 '事大의 禮'와 '忠義의 節'로서 '君臣의 義'를 정한 나라이고, 반면에 淸나라는 明나라를 멸망시킨 君父의 원수일 뿐 아니라 문화적으로도 아주 열등한 야만족으로 멸시하였다. 그는 夷狄의 집단인 淸나라에 전복된 국제질서를 다시 회복하기 위해서 天理와 道理를 지켜야 한다고 주장하였다.47)

가, 김육이 사망한 후인 9월 18일 이조판서를 제수받고 조정에 나아갔다. 이때 송시열뿐만 아니라 송준길을 대사헌으로 임명하는 등 인사조치와 산림계 서인의 정계 진출이 이루어졌던 것이다. 『효종실록』 9년 2일 11일 무인조; 9년 3월 25일 임술조; 9년 9월 18일 임자조.

45) 오항녕, 「조선 효종대의 정국의 변동과 그 성격」, 『태동고전연구』 9집, 태동고전연구소, 1993, 40-42쪽.

46) 이 당시 송시열은 북벌보다는 현실적인 민생문제에 더 관심이 있었다. 己丑封事에서 언급한 복수설치의 당위성을 인정하면서 군비확충 등으로 인한 自焚之禍의 위험성을 거론하는 등 효종의 군사정책에 대해 비판적인 태도를 보이며, 『心經』 등의 강학을 통한 수신을 이전보다 더욱 강조하고 있다. 이영춘, 「우암 송시열의 존주사상」, 『청계사학』 2, 한국정신문화연구원 청계사학회, 1985, 145-147쪽; 『효종실록』 9년 10월 26일 기축조; 11월 8일 신축조; 11월 16일 기유조; 11월 21일 갑인조; 12월 18일 경진조; 12월 27일 기축조.

47) 손승철, 「조선후기 탈중화적 교린체제의 독립성과 허구성」, 『국사관논총』 94집, 국사편찬위원회, 1994, 96쪽.

2. 尹鑴의 國家自尊的 北伐大義論

1) 出仕名分 — 北伐大義

윤휴도 당시 여느 지식인들처럼 청나라에 대한 강한 반감을 지니고 있었다. 그의 反淸意識은 일찍이 병자호란이 일어났을 때, 오랑캐와 화친한 조정에 들 수 없다는 결심으로 과거를 포기하는 것에도 잘 나타나 있다.

그 후 학문에 정진하던 윤휴의 이름이 알려지게 되고 그에게도 관직에 나갈 기회가 주어졌다. 효종이 왕위에 오른 후 그는 孝宗과 山林의 人士를 기용하는 문제에 대해서 논의하던 민정중에 의해 천거되었다.48) 민정중은 김극형을 통해 윤휴를 알게 된 이후 윤휴의 학문에 매료되어 윤휴가 살던 驪州 白湖 근처에 거처를 마련할 정도였다.49) 먼저 조정에 나가 있던 민정중은 孝宗에게 윤휴를 재능과 지식이 뛰어난 인물로 천거하였던 것이다.

윤휴는 효종 6년(1655)에 年少文官 중에 학문에 재능 있는 자를 抄選하여 講習하게 하자는 논의가 있었을 때, 당시 우의정 沈之源에 의해 천거되었다.50) 병조판서였던 元斗杓도 '윤휴는 古書를 많이 읽은 인물'이라고 동의하였다.

그 같은 천거로 인해 윤휴는 39세에 侍講院 咨議에 제수되었다.51) 그러나 윤휴는 恣議를 사양하는 상소를 올리고 나가지 않았

---

48) 『효종실록』 3년 4월 26일 정묘조.
49) 『백호전서』 2권, 「答閔大受」.
50) 『효종실록』 6년 3월 8일 계사조.
51) 『효종실록』 7년 1월 16일 을미조.

다. 효종의 북벌정책 추진은 윤휴로서는 자신의 청년시절의 맹세를
이룰 수 있는 좋은 기회이었지만, 그는 상소를 올려, '지극히 어리
석고 누추하며 학문은 글자도 이루지 못하여 과거에 오르지도 못하
였다'고 하면서 사양하였다.52) 윤휴의 상소를 받은 효종은 빨리 나
와 숙배하라고 촉구하였다.53)

그러자 윤휴는 다시 상소를 올려 자신이 출사하지 않는 이유를
설명하였다.

> "義理에 있어서 不當하고 마음에 있어서 불안한 것이면 영화를 탐
> 하여 의리를 어둡거나 권위를 두려워하여 뜻을 저버릴 수 없는 것입니
> 다. 때문에 옛 분들도 그 길을 가고 그 의리를 지키기 위하여 去就를
> 결정하고 (관직을) 사양하거나, 나아가는 것을 청렴한 마음으로 했던
> 것이고, 또 그렇게 하는 것이 결국 임금을 사랑하는 충정을 저버리지
> 않은 길이 되고, 천하의 공통된 양식에도 부끄러움 없는 일이 되었던
> 것입니다"54)

그는 자신의 출사가 '義理'를 지키느냐의 문제와 결부되어 있음
을 밝히고 있다. 그는 자신이 뜻이 가납되지 않자 다시 상소를 올
렸다.

> "신이 평생 동안 정밀하지는 못했지만 스스로 지켜온 뜻이 있습니

---

52) 『백호전서』 4권, 「辭諮議疏」(병신년 1월 30일), '至愚極陋 萬無肯似 學字不成 無能
　　取科第 筋力又不足任執之役……服事農畝 流移市井 老母身病 惟口腹是謀 本無山林
　　隱遯之趣 又非讀書求志者流'.
53) 『백호전서』 4권, 「辭諮議疏」의 비답;『효종실록』 7년 2월 2일 신해조.
54) 『백호전서』 4권, 「三疏(二月初五日)」, '義之所不當 心之所不安 則固不可貪榮而昧
　　義 怛威而渝志 此古之人所以行此之道 守此之義 以決其去就 廉其辭受 而終亦不負
　　於愛君之深 無愧於天下之通誼'.

다. 그런데 하루아침에 거연히 지켜오던 바를 잃어버리고 갑자기 세상에 나아가 후림새(새를 유인하기 위해 만든 가짜 새)에 빠져 웃음거리가 되어 古人에게 죄를 얻게 되는 것을 신이 또한 수치스럽게 생각합니다."[55]

자신에게는 비록 정밀하지는 못했지만 평생 동안 지켜온 뜻이 있고, 그 뜻을 하루아침에 버리고 조정에 나갈 수 없음을 분명히 밝히었다.[56] 윤휴는 조정의 부름에 대하여 처음에는 자신의 능력부족과 지병을 들었지만 계속되는 관직제수에 자신의 출사가 평생 동안 지켜온 지조와 결부되어 있음을 말하여 자신의 속내를 드러냈던 것이다.[57]

윤휴가 평생 동안 지켜온 지조는 그의 청년시절 맹세와 관련이 있었다. 앞서도 언급하였지만 그는 젊은 시절 청나라에게서 받은 국치를 씻을 때까지는 출사하지 않겠다는 결심을 하였는데, 오랑캐 국가인 청나라에게 당한 치욕을 씻을 수 있는 상황이라면 모를까 그렇지 않은 상황에서 자신의 평생 포부를 지키지 못하면서까지 관

---

55) 『백호전서』 4권, 「陳情疏」, ‘臣平生區區粗有自守之志 一朝居然失其所持 遽踏此舉世之笑阱 而得罪於古人 臣亦恥之’.
56) 『효종실록』 7년 3월 19일 무술조. 전 주부 윤휴가 상소했는데, 그 대략에, "신이 나아가기를 어렵게 여기는 뜻이 세 가지가 있으니, 그 첫째는 감히 어진이라는 칭호를 입고 훌륭한 사람을 부르는 데에 나아가 임금을 속이는 죄를 취하지 못하는 것이고, 그 둘째는 성상께서 어질고 불초한 것을 보아 진퇴시키려고 하시는데 궁궐의 뜰에 몸을 드러내어 임금과 친분을 맺는 것은 신이 실로 부끄럽게 여기는 바이며, 그 셋째는 날짐승의 즐거움은 아로새긴 새장에 있지 않고 들짐승의 본성은 수놓은 좋은 옷에 대한 욕심이 없는데, 만약 그러한 사람에게 띠를 두르고 모자를 씌우며 장복(章服)을 입힌다면 크게 그 마음에 편안히 여기는 바가 아닐 것입니다. 또 그로 하여금 갈포와 갖옷을 입고 뜻대로 하게 한다면 산인(山人)이 흰옷을 입었던 일에 혐의스럽고 또한 유사에게 죄를 얻을까 두렵습니다."하였다.
57) 효종이 이렇게 여러 차례 윤휴에게 관직을 제수하였던 것은 효종 5년 이후로 산림의 인사를 등용하라는 압력에 밀려 김집, 송준길, 송시열 등에게 형식적인 명예직을 제수하였던 것과 관련 있을 것으로 생각된다.

직에 나갈 뜻을 없었던 것이다.

이러한 정황을 알고 있었기 때문에 윤휴의 사직소를 받은 효종은 비답에서 다음과 같이 말하였다.

> "위태로운 나라에 들어가지 않는다는 것은 비록 옛사람이 경계한 바이지만 그 나라에 산다면 어찌 돌아보지 않을 수 있겠는가"[58]

효종 역시 윤휴가 조정에 들지 않는 이유가 '위태로운 나라에 들지 않는다는 것', 즉 春秋大義가 훼손된 상황임을 인정하면서 윤휴의 뜻을 가납하였던 것이다. 윤휴는 "뜻을 얻으면 천하와 함께 좋은 길을 가고, 못 얻으면 내 자신을 위해 죽는 것"[59]이라고 생각했기 때문에 미련없이 사직하였던 것이다.

효종의 북벌정책은 그 현실적 실천보다는 명분적 차원이 강하였다. 효종은 왕위계승 과정에서 붉어져 나온 정통성 시비로 서인 산림계와의 사이에서 형성된 갈등을 해소하기 위한 정책의 일환으로 그들이 동조할 수 있는 북벌정책을 추진하였던 것이다.[60] 효종의 왕위계승의 불합리를 이유로 정계에서 물러났던 서인 산림계는 북벌을 기치로 내건 효종을 보다 바른 길로 인도하기 위하여 다시 조정에 들었던 것이다. 즉 서인 산림계는 왕에게 聖學을 가르칠 필요성을 명분으로 다시 정계에 진출하였다.

이렇듯 북벌의 기치 아래 산림의 인사들이 정계에 등장할 전기가 마련되었던 것이라 할 수 있다. 윤휴는 이러한 정책의 현실적 의도를 간파하고 자신의 뜻을 접으면서까지 관직에 진출하고자 하지 않

---

58) 『효종실록』 7년 3월 19일 무술조.
59) 『백호전서』 2권, 感遇. '達之兼天下 / 窮則殉吾身.'
60) 이경찬, 「조선 효종조의 북벌운동」, 『청계사학』 5, 청계사학회, 1988, 256쪽.

았던 것이다.61)

그러나 효종은 윤휴의 여러 차례에 걸친 사직소에도 불구하고 다시 世子侍講院 進善를 제수하였다. 윤휴는 이때에도 나가지 않았다. 윤휴는 효종 재위 10여 년간 侍講院 恣議, 進善과 司憲府 持平의 관직을 제수받았지만 출사하지 않았다.

2) 肅宗 初 北伐論의 擡頭와 尹鑴의 政界 進出

윤휴가 다시 두각을 나타내기 시작한 것은, 현종 말년에 명왕조의 부흥운동인 '三藩의 亂'으로 청나라의 정국이 혼란해지면서부터였다.

三藩의 亂(1673~1681)은 명나라의 장수였던 吳三桂·尙可喜·耿仲明이 청나라에 대하여 일으킨 반란이었다. 그들은 명나라 崇禎帝가 자결하였다는 소식을 듣고 李自成을 물리치기 위해 청나라에 협력하여 청나라가 중국 본토를 지배하는 데 큰 공을 세웠다. 중국이 평정된 뒤 청나라는 오삼계를 雲南의 平西王, 상가희를 廣東의 平南王, 경중명의 아들 耿繼茂를 福建의 靖南王으로 봉하여 군사·재정권이 독립한 藩府를 설치하였다. 그런데 이들 지역이 청나라의 중국 지배에 걸림돌이 되자 康熙帝는 번부의 철수를 명하였다.

이에 1673년 오삼계가 반란을 일으키고, 이어서 1674년 경계무의 아들 耿精忠이, 1676년에는 상가희의 아들 尙之信이 반란에 호응하였다. 이들은 반란을 일으키면서 명왕조의 부흥을 기치로 내걸

---

61) 효종의 북벌정책은 효종이 왕권을 강화하기 위해 내건 정치적 명분적 성격이 강하였다. 이에 대해서는 최완기, 「17세기의 위기론과 효종의 경제정책」, 『국사관논총』 86집, 1999, 국사편찬위원회, 65-70쪽 참고.

어, 각지의 反淸勢力을 규합하였다.62)

이에 조선 조정에는 재야의 지식인들을 중심으로 北伐을 주장하는 상소가 올라왔다. 현종 15년 5월 16일에 儒生 羅碩佐・趙顯期 등이 잇따라 상소를 올려, '天下의 事勢 變化가 눈앞에 바싹 다가왔으므로, 크게는 원수를 갚아 羞恥를 씻고 작게는 나라를 편안히 하고 백성을 보호할 수 있을 것'63)이라면서, 오삼계의 난을 기회로 북벌을 단행하여야 한다고 주장하였다.

그러나 이러한 상소를 접한 현종은 상소의 내용이 누설되어 청나라에 알려질까 염려하여 단속하며 비답을 내리지 않았다. 조정에서도 청나라의 정국을 알고는 있었지만 그 정확한 실상을 파악하지 못한 상태에서 섣부른 움직임으로 청나라를 자극할 필요는 없다고 판단하였던 것으로 보인다.

평생을 북벌대의를 품고 살았던 윤휴도 즉각 현종에게 密疏를 올렸다. 그는 현종에게 올린 상소에서 다음과 같이 말하고 있다.

"지난 병자년과 정축년의 일은 하늘이 우리를 돌아보지 않으시어 禽獸가 사람들을 핍박하여 우리를 회계산(越王 句踐이 會稽山에서 吳王 夫差에게 패전함)의 치욕에 두시고 靑城의 재앙을 주신 것입니다. 삼가 우리의 아이들마저 죽음을 당하게 하시고 우리의 冠冕을 찢게 하셨습니다. 당시 선왕께서는 宗社를 위하여 한번 죽음을 참으시고 만백성을 위하여 한번 치욕을 내놓으셨으며 피 칠하시고 울음을 삼키셨습니다.

---

62) 그리하여 揚子江 이남 일대, 四川・陜西를 차지하게 되었다. 1678년 5월 湖南의 衡陽에서 국호를 周, 연호를 昭武라고 정하고 황제의 지위에 올랐으나 8월에 병사하였다. 그의 뒤를 이은 손자 世璠이 뒤를 이어 洪化라고 개원하였으나, 그 역시 1681년 10월 昆明에서 청군에 포위되어 자살하였다. 그리하여 삼번의 난이 평정되고, 청나라의 기반이 굳게 다져져 중국에 대한 지배권을 확립할 수 있었던 것이다.
63) 『현종실록』15년 5월 16일 기묘조.

부끄러우셔도 마음을 다잡으시며 한번 나아갈 바를 생각하시기를 오늘
까지 하셨습니다. … 군대를 일으켜 일격에 질주하여 천하를 위하여 부
르짖어 그 힘을 피력하시고 그 마음을 떨치어 천하의 근심을 함께하시
고 천하의 의리를 붙잡으십시오."64)

효종이 재위 10여 년간 軍備를 整頓하고 人才를 招致하였으나
때를 만나지 못하였는데 이제 현종에게 그 북으로 향할 일이 떠맡
겨졌으니 이 시기를 놓치면 뒤쫓아 갈 수 없고 기회는 놓쳐서는 안
되므로 반드시 결단을 내려 북을 정벌해야 하다고 주장하고 있었다.
그러나 密疏를 올린 지 얼마 되지 않아 현종이 갑작스레 사망을
하여 숙종이 14세의 어린 나이로 왕위에 오르게 되었다. 현종의 예
기치 않은 죽음과 幼主의 즉위로 북벌의 논의는 잠시 소강상태에
들어갔다.
이러한 와중에 윤휴에게 司憲府 掌令이 제수되었다. 윤휴는 나가
지 않고 密封한 冊子와 함께 上疏를 하였는데, 다음날 숙종은 윤휴
의 상소에 대해 허적과 논의하면서

"(윤휴의 상소는) 곧 禍를 挑發하는 말이다."65)

라고 단정하자, 허적은 '그 뜻은 君臣上下가 잊을 수 없는 것이
지만, 지금의 事勢와 힘으로는 미칠 수 없는 것이 있으니, 다만 마
음속에 둘 따름'이라고 하며 '傳播되면 말할 수 없는 지경에 이르

---

64) 『백호전서』 5권, 「甲寅封事疏(甲寅七月初一日), '往矣丙丁之事 天不弔我 禽獸逼人
　　 捿我於會稽 厄我於靑城 虔劉我赤子 毁裂我冠冕 當是時 我先王忍一死爲宗社 捐一
　　 恥爲萬姓 而抹血飮泣 含羞拊心 思一有所出……興一旅馳一檄 爲天下倡 以披其勢震
　　 其心 與共天下之憂 以扶天下之義'.
65) 『숙종실록』 원년 12월 1일 경인조.

겠지만 이러한 의논이 없을 수 없다'고 말하였다. 갑작스러운 현종의 죽음으로 왕위를 물려받은 숙종으로서는 북벌에 대한 논의 자체가 큰 부담이었을 것이다. 때문에 화를 도발하는 말이라고 일축해 버렸고, 허적은 왕에게 '군신상하가 잊을 수 없는, 있을 수 있는 논의'라고 설명하였던 것이다.

名分으로 보아서는 절호의 기회일 수 있지만, 급작스럽게 왕위를 이은 왕으로서 대외적으로 심각한 갈등과 마찰을 초래할 수 있는 문제를 처리하기란 쉽지 않았을 것이다. 더욱이 숙종은 선왕이 말년에 적극적으로 조정하고자 하였던 복제문제를 매듭지어야 하는 책무를 안고 있었다.

현종이 사망하던 해인 갑인년(1674)에 효종비의 죽음으로 자의대비의 복제가 다시 문제가 되었다. 이는 기해년의 효종의 죽음으로 인한 복제와 같은 선상에서 일어난 논쟁이었다. 서인의 의심스러운 복제결정에 대하여 현종이 직접 나서서 禮書를 참고하였고, 서인에 의한 복제가 효종의 정통성을 손상시킨 것이었음을 깨닫게 되었다. 현종은 관련자의 책임을 추궁하였으며, 서인 독주의 정국운영에 제동을 걸고자 남인 허적을 영의정에 임명하고 그가 올라오기를 기다리다 만나지 못하고 하루 만에 사망하고 말았다.66) 그리하여 숙종 초년의 정국은 영의정 허적을 중심으로 한 남인의 주도권 아래 놓이게 되었던 것이다.

현종은 남인들이 정국을 이끌 수 있는 발판을 만들어 주기는 하였으나, 숙종이 어린 나이에 왕위에 오르면서 대비를 비롯한 서인들이 영향력을 행사할 가능성이 농후하였다. 당시 숙종의 어머니인

---

66) 우인수, 「조선 현종대 정국의 동향과 산림의 역할」『조선사연구』 제1집, 1992, 130
　　-132쪽 참조.

청풍 김씨는 서인 김우명의 딸로 대비의 섭정은 서인의 정국 주도
로 이어질 수 있었다. 현종이 적극적으로 개입하여 서인의 영향력
을 축소시키고자 했음에도 불구하고 다시 서인의 세력이 강해질 계
기가 마련되었던 것이다. 때문에 정국운영권을 확보할 기회를 맞았
던 남인은 선왕의 유지를 받들 것을 주장하였다.

이러한 상황에서 윤휴를 비롯한 재야인사들이 주장하는 北伐[67]
은 조정에서 논의되기 어려웠다. 당시 조정 밖의 지식인들은 청나
라와의 굴욕적인 관계를 일거에 끊고 그동안의 치욕을 씻을 수 있
을 뿐만 아니라 천하의 의리를 바로 세울 수 있는 절호로 생각하였
으나 현실정치에서는 보다 복잡하게 얽힌 사안이었던 것이다.[68]

이 무렵 윤휴는 출사할 결심을 하였던 것으로 보인다. 숙종 즉위
년에 내린 司憲府 掌令을 사양하면서 이전의 사직소에서 언급되던
'義理'에 대해서는 언급하지 않고 그보다는 자신에게 북벌을 감당
할 능력이 있는가에 대해 더 많이 거론하고 있다. 그가 올린 北伐
上疏에서는 자신이라도 직접 나서겠다는 암시를 하고 있었다.

> "성상께서는 특별히 유념하여 한 번 보아주시고 반복하여 또 보셔서
> 득실을 결정한 후 채택된 부분은 그대로 시행하시고 남이 알게 비답을
> 내려 성문을 번거롭게 하지 않으셨으면 좋겠습니다. 비밀리에 가부를
> 결정하여 신이 직접 받들도록 해 주시기 바라옵니다."[69]

---

67) 『숙종실록』 원년 4월 17일 을사조; 6월 6일 계해조에 각 廣州사람 金翊虎과 前 參
奉 朴承後이 북벌을 주장하는 상소를 올렸다.
68) 숙종 초기의 정국과 換局에 대해서는 이희환, 『조선후기 당쟁 연구』, 국학자료원,
1995, 참고.
69) 『백호전서』 5권, 「冊子疏」, '聖明 特垂睿覽 留賜應照 反復彼閱以究其得失之歸 而
終有所決擇施行 不須顯颺 批誨以煩聽聞 冀密賜可否 俾臣承受'.

윤휴는 상소의 내용을 충분히 검토한 다음에 그 得失을 가늠하여 가부를 결정하고, 가능하면 자신이 직접 명을 받들기를 요청하였던 것이다. '출처의 도리와 진퇴의 지조와 거취의 의리가 있어야 군자'라고[70] 생각하였던 윤휴는 자신의 평생 포부였던 북벌대의를 실현할 수만 있다면 출사할 수 있다고 생각하였던 것이다. 이때 그의 나이는 59세였다.

그리하여 윤휴는 司業을 제수받았을 때, 출사를 결심하게 되었다. 그의 출사는 북벌대의를 실천하기 위한 것이었고, 다른 조정대신들 역시 그렇게 이해하였다. 실록에는 다음과 같이 기록되어 있다.

> "윤휴는 60년 동안 仕進하지 않다가 오늘에야 비로소 나와서 이 한 가지 일로 그 去就를 결정하므로 이것은 경계하는 말일 뿐이 아니니 대신과 함께 可否를 의논해야 하겠습니다."[71]

당시 승지 정유악의 말이다. 정유악은 숙종이 윤휴의 출사의 변을 듣고 "격언이 아닌 것이 없으니 유념하겠다"라고 가볍게 대답하는 것을 보고서, '윤휴는 평생 仕進하지 않다가 北伐大義의 名分으로 출사하였으므로 이것이 단지 경계하는', 의례적인 말이 아니라는 점을 왕에게 주지시키고 있었다. 조정대신들은 윤휴가 주장하는 북벌이 말뿐이 아니라는 사실을 인지하고 있었던 것이다.

---

70) 『백호전서』 27권, 「만필(하)」, '君子之道 有出處之道 有進退之節 有去就之義'.
71) 『숙종실록』 원년 1월 9일 무진조.

3) 國家自尊的 北伐大義論

숙종 재위 초기, 재야를 중심으로 비등해지던 북벌론의 선봉에
선 윤휴는 정계에 진출한 후 가장 먼저 청나라와의 관계를 개선해
야 한다고 주장하였다. 그의 주장은 다음과 같다.

> "밖으로는 해야 할 세 가지 일이 있는데 北伐이 첫째이고, 바다를 건
> 너 鄭과 통하는 것이 둘째이고, 北과 和好를 끊는 것이 그 셋째이다."[72]

라고 하였다. 그는 대외적인 時務로서 북벌을 첫째로 꼽았으며
북벌을 위하여 바다 건너 鄭나라와 통교를 시도해야 한다고 하였다.
당시 鄭나라는 明나라 復興運動의 중심인물인 鄭成功이 臺灣에
세운 나라였다. 정성공은 臺灣을 抗淸復明의 기지로 삼고 청나라에
항거하고 있었다. 그러나 1683년 6월 중국을 통일한 淸나라가 대만
에 진격하여 鄭軍을 무조건 항복시키고 福建省에 예속시켰다.[73]
윤휴는 당시 대만에 수립되어 있었던 反淸政權인 鄭나라와 통교
할 것을 주장하였으며 더 나아가 鄭나라와의 통교를 위해서 日本과
긴밀히 협조할 것을 주장하였다. 윤휴는 청나라를 견제하기 위해서
는 일본은 물론이거니와 주변에 있는 나라들과 협력할 것을 주장하
였던 것이다.
이러한 점은 윤휴가 당시의 일반적인 華夷論에서 벗어나 있었던
것으로 보인다. 당시 지식인들은 청나라를 오랑캐로 설정하고 명나
라에 대해 무조건적으로 복종하는 崇明排淸的 華夷觀念에 젖어 있

---

72) 『숙종실록』 원년 2월 9일 정유조.
73) 松丸道雄 外, 「中國支配政權の成立」, 『中國史』 4, 山川出版社, 1999.

었다. 뿐만 아니라 일본을 비롯한 주변국 역시도 이적시하는 경향
이 두드러졌다.74) 그런데 윤휴는 청나라를 견제하기 위해서 그동안
이적시하였던 일본과도 결탁하고 대만에 수립된 정권과도 연계할
것을 주장하였던 것이다. 윤휴 역시도 청나라를 오랑캐라고 여겼던
점은 기존의 華夷觀念에서 벗어나지 못하고 있었음을 보여주는 것
이지만,75) 그가 청나라와의 관계를 개선하기 위해서 이제까지 적대
국으로 여겼던 일본과 연계할 것을 주장하였던 것은 매우 독특한
것이라고 할 수 있겠다.76)

윤휴는 청나라와의 관계가 필요 이상으로 굴욕적으로 진행되는
것에 대해 회의를 품었던 것으로 보인다. 그는 '小國이 大國을 섬
기고 약국이 강국을 받드는 데에도 반드시 예가 있는 법으로 자강
의 정책을 세우고 할 것은 해도 하지 않아야 할 것은 하지 않아야
하는 것'임에도 불구하고,77) 지나치게 굴욕적인 자세를 다음과 같
이 비판하였다.

'(병자·정축년) 이후로부터 숱한 牽制와 禁令 속에서 그렁그렁 세월
만 30, 40년이 흐르면서 人心은 점점 감염이 되고 人倫紀綱은 무너지

---

74) 윤휴의 저술에는 일본을 포함한 주변국에 대한 내용은 없다. 그는 아마도 이수광이
나 허목 등과 교류하면서 일본에 대한 정보를 교류하였을 것으로 추측된다. 그러나
청나라를 공격하기 위해서 일본과 제휴하자는 제안은 당시의 대다수의 지식인들이
일본을 夷狄視하였던 점과 비교해 보면 파격적이었던 것으로 생각된다. 하우봉,『조
선후기 실학자의 일본관 연구』,「壬亂전후 韓國人의 日本觀」, 1988, 19-47쪽.
75) 윤휴도 당 시대인처럼 청나라에 대해 '짐승 같은 것들', '犬羊'에 비유할 정도로 강
한 反感을 가지고 있었다.『현종실록』15년 7월 1일 계해조;『숙종실록』1년 2월
9일 정유조;『숙종실록』2년 6월 21일 임신조 참조.
76) 이러한 윤휴의 일본에 대한 인식은 기호남인계 학자들의 일본인식에 영향을 미쳤
던 것으로 보인다. 하우봉,「실학파의 대외인식」,『국사관논총』76집, 국사편찬위원
회, 260-265쪽 참고.
77)『백호전서』5권,「책자소」, '臣竊聞古之以小事大 以弱服强者 亦必能以禮自强 亦不
能無酌捐之道……蓋辭直理正 自守以禮 雖弱小有必得行于强暴者也'.

고 흐트러져 우선 벼슬아치와 선비라는 자들부터 다시 그 문제를 생각
하지도 않고 羞恥라고는 전혀 없이 마음 달게 저들을 섬기고 무릎을
꿇고 벌벌 기면서 누구에게 뒤질세라 하고 있으니 마치 우리의 죽고
사는 것이 저들 盛衰에 달려 있기라도 하는 양 한다.'[78]

이는 조선의 청나라와의 관계에 있어서 지나치게 굴욕적인 태도
를 문제 삼았던 것이다. 經緯가 반듯하고 事理에 맞고 자기 자신을
禮로 지킨다면 비록 弱小國이라 하더라도 强暴한 나라를 상대로
자기의 입장을 주장할 수 있는 것인데 오히려 北(청나라)을 섬기면
서 皮幣와 金寶로 저들의 배를 양껏 채워주고 있을 뿐만 아니라
비록 宰相 지위에 있는 官僚라도 저들이 죽이고 싶으면 죽이고, 잡
아가고 싶으면 잡아가고, 禁錮시키고 싶으면 禁錮도 시키고, 가두
고 싶으면 가두기까지 하여 일개 使臣과 배반한 무리들까지도 朝廷
을 업신여기게 되었다고 생각하였다.[79] 때문에 이제는 그러한 작폐
를 종식해야 한다고 생각하였던 것이다.

윤휴의 이러한 주장은 청나라 사신을 맞이하는 規例를 변경할 것
을 요구하는 것으로 나타났다.[80] 청나라 使臣이 태자 冊封을 頒布
하기 위해 왔을 때,[81] 그 使臣을 나가서 맞이하는 禮에 관한 논의
가 있었다. 윤휴는 '새로 嗣服하신 처음에 어찌하여 犬羊에게 굽혀

---

78) 『백호전서』 5권, 「책자소」, '自是以後 勢製形禁 因循荏苒 至于三四十年之久 人心
    漸染 倫紀斁壞 自搢紳章甫 不復念及於此 甘心服事 無復羞恥 匍匐顚蹶 猶恐不及
    觀彼之盛衰 以爲我存亡之命'.
79) 『백호전서』 5권, 「책자소」, '今我之事北 不徒皮幣金寶之惟量以彼人之腹 雖僚士宰
    位 欲戮則戮之 欲執則執之 欲痼則痼之 欲囚則囚之 乃一介之使 投叛之輩 亦莫不
    侮慢我朝庭折辱我官吏 授之利刀 任其操割 委之金帛 縱其吐納 城池甲兵 劃門庭而
    棄之 駿骨良器 唯所取而不禁'.
80) 『숙종실록』 원년 1월 28일 정해조.
81) 『숙종실록』 2년 2월 13일 을축조.

서 절해야 하겠습니까'라며 迎勅하지 말 것을 요구하였다. 그러나 숙종은 迎勅하지 않으면 저들이 의심할 것이라며 우려하였으며, 국가의 존망이 달린 문제로 과장하여 반드시 행해야 하는 의전행사로 일축하였다. 이에 윤휴는 다음과 같이 말하였다.

> '경연 중에 한 대신이 국가의 존망이 이 한 가지 일에 있다고 말하였습니다. 가령 전하께 실제로 질병이 있어서 교외로 나가시는 것이 불가능할 경우에도 국가의 존망이 이날에 달렸다고 할 수 있겠습니까?'[82]

윤휴는 '(차라리) 우리를 의심하게 하여 군사를 일으킬 기회를 만들고 싶다'고 말할 정도였다. 윤휴는 청나라에 대해 지나치게 굴욕적인 자세를 취하는 조선 조정에 대해 불만을 품었던 것이다.

더욱이 윤휴는 당시 조선의 국방력이 청나라를 대적할 만하다고 평가하고 있었다. 그는 '우리나라에는 스스로 10만의 정병이 있고 兩西의 식량도 쉽게 장만할 수 있으므로 열흘이 못되어 심양을 차지할 수 있고 심양을 빼앗고 나면 관내가 진동할 것이니, 일이 이루어지지 않을 염려가 없다'고[83] 북벌에 대해 자신하고 있었던 것이다.

하지만 윤휴의 북벌정책 주장은 그 뜻은 가상하나 현실성이 없는 '오활한' 것이라고 여겨졌다. 그러나 윤휴는 북벌대의를 승패의 관점으로만 바라보지 않았다. 그는 북벌에 대한 의지를 다음과 같이 표명하였다.

---

82) 『백호전서』 6권, 「請寢郊迎疏」, '其日筵中 有一大臣有以爲國之存亡 在此一擧爲言者 假令殿下實有疾病而不能郊外 是可謂國之存亡在於其日耶'.
83) 『숙종실록』 원년 2월 9일 정유조.

'벼락이 떨어지고 거센 바람이 몰아쳐도 끄떡없이 비록 천만인이 뭐라고 하더라도 내 갈 길을 가는 것입니다. 그것이면 상제를 감동시킬 수 있고 사해에 빛을 낼 수도 있으며 천지도 힘이 되어주고 귀신도 피해갈 것입니다. 따라서 일이 성공될 수 있다는 것, 적을 섬멸할 수 있다는 것, 잠깐 사이에 많은 공로를 기대할 수 있다는 것 등은 오히려 이차적인 문제인 것입니다.'[84)

일의 성공 여부, 적의 섬멸 여부는 이차적인 문제라고 생각한 윤휴는 의로운 일이면 그 누가 뭐라 하더라도 그 가야 될 길을 가야 하는 것이라고 생각하였던 것이다. 설령 실패한다 하더라도 그것은 春秋에 길이 빛날 일이라고 생각하였다.

'그러므로 신이 생각하기에 오늘날의 일은 의리로서나 형세로서나, 이기거나 이기지 못하거나 이미 함께할 수밖에 없습니다. 大易의 道는 이로움으로써 의리에 화합하는 것이고, 춘추의 의리는 설령 패배한다 하더라도 또한 영광스러운 것입니다. 때가 이르렀으니 일을 할 뿐입니다. 결단을 내리시고 실행하는 것이 성상 한 분의 마음에 달려 있습니다.'[85)

'춘추의 의리는 설령 패배한다 하더라도 영광스러운 일'이라고 확신하였다. 그는 청나라에게 당한 국가적 수치를 씻어내야만 한다고 생각하였던 것이다. 이것은 그의 北伐大義論이 명나라에 대한 의리론적 차원에서 주장된 것이 아니라 조선이라는 국가의 역사적

---

84) 『백호전서』 5권, 「책자소」, '今日我君臣上下 苟以此爲心 則其心正直 其氣剛大 抑不愧俯不怍 生吾順死吾寧 蹴震風而不迷 雖千萬人吾往矣 可以是格于上帝 可以是光于四海 天地賴之 鬼神避之 其所謂事可成 敵可滅 功可翹足而待者 又爲餘事耳'. 5권-315.
85) 『백호전서』 5권, 「甲寅封事疏」, '故臣愚以爲今日之事 以義以勢 若勝若否 俱不可已也 大易之道 利以和義 春秋之義 雖敗亦榮 時至耳事可耳 斷而行之 在聖上一心耳'.

정당성을 확보하는 차원에서 제기되고 있음을 보여주는 것이라고 생각된다. 국가로서의 존엄을 회복하고 청나라와의 관계 역시 굴종적인 것으로부터 벗어나야 한다고 생각하였던 것이다.

그리하여 윤휴는 숙종에게 결단을 촉구하였다. 그러나 숙종도 그 성공에 대해 전혀 확신하지 않았다. 이에 윤휴는 숙종과 같은 나이에 왕위에 오른 역대 왕들을 거론하면서 나이가 비록 어리다 하여도 堯舜이 되려면 될 수도 있고 文王과 武王의 가르침도 배울 수 있다고 왕을 격려하며 '큰 뜻을 세워 실현하고 학문에 노력하여 영웅호걸을 지향하면서 前王들처럼 할 수 있다'고 다짐해야 된다고 주문하였다.86) 그는 왕이 邪說에87) 휩쓸려 세상이 가야 할 길과 백성들이 지켜야 할 도리와 흥폐존망의 문제를 간과해서는 안 된다고 거듭 진언하였다.88)

그리고 당시에는 청나라를 공격하여 대청관계를 재정립할 수 있는 기회라는 인식이 일정 정도 형성되어 있었던 것으로 보인다. 당시의 상황에 대해 사신은 다음과 같이 논평하였다.

'吳三桂가 雲南에서 한 번 부르짖으매 뭇 영웅들이 海內에서 함께 응하였다. 이러한 幾微를 타서 우리가 만일 군사를 이끌고 遼東을 건너가서 곧바로 (적의) 巢穴을 무찔러서 王師는 그 남쪽을 공격하고 우리의 군사는 그 서쪽을 공격하였더라면, 가히 뱀을 베고 돼지를 죽이듯이 피비린내 나고 더러운 것들을 깨끗이 씻어버려서 거의 仁祖께서 남기신 부끄러움을 씻고 神宗의 지극했던 은덕을 갚아서 天下의 모든 나

---

86) 『백호전서』 5권, 「책자소」, '古人有言曰 彼丈夫也 我丈夫也 吾何畏彼哉 舜何人也 予何人也 有爲者亦若是 文王我師也 周公豈欺我哉 是知堯舜可爲也 文武可師也'.
87) 『백호전서』 5권 「책자소」에서 병자년 당시의 일을 기록하면서 최명길과 같은 이를 사설을 말한 자라고 비판하였다.
88) 『숙종실록』 원년 6월 3일 경신조.

라들로 하여금 三韓의 충절이 아직도 없어지지 않았음을 알게 하였을 것이다. 그런데 불행스럽게도 그 喜報가 겨우 이르자마자 先王께서 문득 뭇 신하들을 버리시고 主上께서 어린 나이로 왕위에 오르시니, 늙은 奸臣들이 나라의 일을 맡고 뭇 사특한 자들이 몰려나와서 儒賢을 마구 씹고 士類들을 물리쳐 냈으니, 어느 겨를에 생각이 국가 大計에 미치겠는가? 아! 만일 효종의 初年에 이러한 기회를 만났더라면, 반드시 忠烈에 기대고 神威를 분발하여 金戈와 흰 깃발로 義氣를 中原에 鼓吹하였을 것이다. 그리고 先王께서 薨하지만 않으셨더라도 또한 치밀하게 계책을 세워 때를 보아 움직였을 것이고 이처럼 앉아서 보기만 하지는 아니하였을 것이다. 어찌 하늘이 우리로 하여금 끝내 치욕을 안은 채 씻지 못하게 하는가? 아! 이 아픔 어이 견디랴?'[89]

즉 그와 같은 기회를 효종의 재위 기간에 만났거나, 현종이 돌연 사망하지만 않았어도 한번 겨루어 볼 만한 형국이라고 생각하였던 것이다. 그러나 어린 왕이 집권하고 있는 상황에서 일을 추진하기는 어려운 상황이라고 판단하고 있었던 것이다. 이것이 당시 조정의 대다수의 일반적인 견해였던 것이다.

---

89) 『숙종실록』 원년 6월 3일 경신조.

3. 北伐政策 推進改革案

1) 摠府郎의 설치와 萬人科의 실시

윤휴는 북벌대의의 실현을 명분으로 출사하였고, 그것을 당시의 조정에서도 잘 알고 있었다. 윤휴는 자신의 출사와 북벌대의 실현을 같은 선상에서 인식하였기 때문에 출사한 직후부터 북벌대의를 실현하기 위한 준비를 촉구하게 되었다.

그는 당시 文治主義로 흐르는 경향에 대해 비판하였다. 그는 文・武는 날줄과 씨줄 같은 것으로 백성을 편안하게 하는 이치인데도 당시의 글을 읽는다는 사류들은 이에 힘쓰지 않고 武功을 폐한다고 비판하였다. 때문에 옛날에 士子는 활을 제대로 쏘지 못할 경우 병이 있다고 핑계를 댈 정도로 활을 쏘지 못하는 것을 수치로 여겼듯이[90] 당시의 선비들도 활쏘기 등 무예를 닦아 문무를 겸비해야 한다고 생각하였다. 그는 軍務의 중요성을 다음과 같이 지적하였다.

> "兵農이 한 가지에서 나오는 것이니, 得되는 정치를 행했을 때에 民心을 얻은 사람이 天子가 되었고, 軍卒을 모집하는 법을 행했을 때에는 천자가 지위에 오르고 못 오르고는 군졸의 喜怒에 달렸고, 文官, 武官이 직책을 잃어 군사들이 활 쏘는 법을 몰랐을 때에는 중국의 존망이 오랑캐의 세력이 강하고 약한 것에 달려 있었던 것이다."[91]

---

90) 『백호전서』 27권, 「만필(하)」, '古者士使之射 不能則辭以疾 蓋士而不能於此者 士之恥也'.

91) 『백호전서』 27권, 「만필(상)」, '兵農出于一 則得於丘民者爲天下 募卒之法行 則天下之建寘 由於卒伍之喜怒 文武失職 而士不知決拾 則中國之存亡 由於夷狄之强弱而已'.

그는 국가의 존망이 위태로워지는 것은 武를 중시하지 않고 지나치게 文治 위주의 정치를 해나갔기 때문이라고 생각하여 글을 읽는 선비라 할지라도 말 타고 활 쏠 줄 아는 것이 先王의 道를 따르는 것이라고 하였다.

그리하여 윤휴는 옛 선비들이 선왕의 도를 본받아 활쏘기 등의 무예를 익혔던 것처럼 摠府郞을 설치하여 군사훈련을 시킬 것을 다음과 같이 건의하였다.

"예전에는 庶子라는 벼슬이 있었고 中古에는 郞位라는 직함이 있었으니, 이제 대략 이 제도를 본떠서, 京外의 大小臣僚들의 자제와 出身한 자와 아직 출신하지 못한 자를 죄다 收錄하되, 양반·庶孽을 불문하고 類別로 책을 만들어 摠府에 붙이고, 그 가운데에서 선발하여 摠府郞이라 이름하며, 사방의 재주가 특이한 자와 上書한 쓸 만한 사람 등을 다 여기에 붙여서 番을 나누어 直衛하게 하고, 또 文·武를 가리지 말고 『孝經』·『대학』과 司馬·孫武 등의 글과 弓馬·車乘 등의 기예를 강습하여 창을 들고 宿衛하는 임무와 서울을 순검하는 직무에 갖추고 그 가운데에서 우수한 자를 가려서 內職 들어오면 郞僚가 되고 外職 나가면 사방 백리의 땅을 다스리게 해야 하겠으며, 그 徒隷·병졸은 訓局에서 수백 인을 나누어 내어 채울 수 있을 것입니다. 그러면 五衛의 제도를 점점 회복할 수 있거니와, 인재를 널리 거두어서 일에 임하여 급하게 쓸 수 있을 것이니, 이것은 적을 막고 우환에 대비하는 한 가지 일이 될 것입니다."[92]

그는 사대부의 자제와 서얼을 함께 섞어서 하나로 기록하여 총부에 붙이고 이들로 하여금 『孝經』과 병서를 읽게 하고 이들 가운데 출중한 자들을 선발하여 총부랑을 설치하고, 이들에게 군사훈련을

---

[92] 『숙종실록』 원년 1월 23일 임오조.

받게 하여 때에 따라 이들을 군사로서 활용하자고 제안하였다. 즉 사대부의 자제와 서얼 등 글을 읽는 일에만 전념하고 있는 젊은 사류들을 모아서, 선왕의 시대처럼 『孝經』과 병서를 읽게 하여 유사시 큰 몫을 담당하게 하자는 것이었다.93)

이에 조정대신은 즉각적인 반대를 표명하였다. 許積은 '너무 크게 변통하는 것으로 시행할 수 없다'고 단정하였고, 權大運은 '士大夫의 자제와 서얼을 함께 섞어서 하나로 기록하여 摠府에 붙여야 할 이치가 있느냐'고 반문하면서 역시 반대하였다. 柳赫然 역시도 반드시 폐단이 있을 것이므로 시행할 수 없다고 하였다.

이러한 반대에 대해서 윤휴는 '우리나라의 士族은 그 수를 모를 만큼 많으므로, 이것으로 단속하려는 것'이라고 하였다. 雜人이 많이 모이면 整齊하기 어렵다는 지적에 대하여 '널리 모으되 정하게 쓴다면, 사람을 섞어 쓴다고 해도 해가 없을 것이고, 폐단이 없는 법은 없는 것으로, 堯舜의 禪讓과 湯武의 征伐도 후세의 폐단이 되었지만, 그렇다고 시행하지 않을 수 없다'고 주장하였다.

이 논의는, 편하게 글을 읽던 재상가의 자제들이 '弘文郞'이라고 하여도 괴롭게 여길 것인데, 하루아침에 '摠府郞'이라 하여 禁軍과 같은 기관에 배속시키는 것은 불가능하다는 허적의 말에 잘 드러나듯이 양반 자제의 군복무와 관련된 사안이었기에 시행될 가능성이 거의 없었다고 할 수 있다. 결국 윤휴는 '사람들이 다 불편하게 여기니, 다시 아뢸 것이 없다'며 자신의 의견을 철회하였다.

사대부 자제에 대한 군무의 시행이라고 할 수 있는 총부랑의 설치는 사대부의 권위와 관련된 것으로 쉽게 받아들여질 사안이 아니었다. 그러나 윤휴는 삼대에는 선비들도 말 타고 활을 쏘며 무를

93)『숙종실록』 원년 1월 23일 임오조.

익혔으므로 무예를 닦는 것이 선비들에게 누가 된다고 생각하지 않았다.94)

윤휴는 군무를 담당할 인재를 충원하기 위해서 萬人科 시행을 건의하였다. 豊德 幼學 陳絢도 상소를 올려 '官軍의 폐단을 말하고 萬科를 베풀기'를 청하였다.95) 그리하여 八道의 응시자가 너무 많아 武士萬科를 각 도에서 실시하기로 하였다.96)

반면에 만과의 시행에 대해서도 반대하는 의견도 있었다. 正言 李瑞雨는 자격이 갖추어지지 않는 사람도 선발될 가능성이 있는 만과를 설치하는 것은 '백 가지 해로움이 되고 하나의 도움도 없는' 일이라며 만류하였던 것이다.97)

만과는 시행된 지 6개월 만에 위기를 맞았다. 만과를 통해 선발된 무사들을 卒伍에 편성하는 등 사후의 처리가 합당하게 하지 못하고, 軍裝과 服色을 일시에 마련하도록 책임 지우므로 위로하고 기쁘게 하려던 일이 도리어 원망을 초래하는 일이 되어 버렸다는 비판이 제기되었다.98)

윤휴도 이러한 실정을 알고 다음과 같이 말하였다.

'萬科의 설치를 신이 또한 미리 의논하였었는데, 이제 도리어 큰 폐단이 되었습니다. 出身의 무리가 나라에 대한 원망이 특히 심하니, 隊伍를 짓는 규정을 혁파하고 外方의 將官을 모두 이러한 무리로 선발하

---

94) 이것은 그가 양반에 대한 특권 의식을 가지고 있었다기보다는 그의 사고방식의 기본 틀이 삼대에 있었음을 알 수 있는 또 하나의 방증이라고 하겠다.
95) 『숙종실록』 원년 10월 19일 계유조에는 전에 없던 만과가 창설되자 이를 통해 신분적 구속에서 벗어나고자 했던 공장(工匠)·천례(賤隷)·환자(宦者)까지도 부거(赴擧)하려고 하였다.
96) 『숙종실록』 2년 1월 3일 병술조.
97) 『숙종실록』 2년 1월 13일 병신조; 3년 1월 22일 기해조.
98) 『숙종실록』 3년 2월 15일 임술조; 4월 1일 정미조.

여 정해서 그 마음을 위안하도록 하소서. 또 番을 나누어 上京하게 해
서 兵曹判書로 하여금 그 사람됨을 보고 적합하게 쓸 만한 자리에 두
도록 하는 것이 좋겠습니다.'[99]

윤휴는 만과를 설치하였을 때에는 나라 사람들이 소매를 걷어버
리고 옷자락을 떨치며 狂風처럼 일어나 구름같이 모여서 활 쏘는 장
소에 달려가지 않는 이가 없었던 것은 殿下께서 잘 다스리려 하시는
뜻에 감동해서 생각이 한결같이 분노가 쌓인 끝에 나온 것이었는데,
그들에 대한 처우가 바람직하지 않아 큰 믿음을 잃고 萬夫의 원망을
부른 것이라며 시정을 제안하였으나 가납되지 않았다. 더욱이 이들
만과 출신자들의 편대를 지어 군졸과 다름없이 侵奪하는 등[100] 도
에 지나친 행동들이 문제가 되면서 조정의 더 이상의 무과의 시행에
대해 미온적이었다.[101] 결국에는 모자란 군사를 보충하여 국방력을
강화할 목적으로 설치된 만과는 폐단만 강조되어 유야무야되고 말
았다.[102]

조선에서 시행한 만과는 對淸關係에서도 문제의 소지가 있었
다.[103] 동지사로 다녀온 吳挺緯가 燕京의 소식을 전하면서 오삼계
의 亂 이후에 조선에 의심이 심해져서 歲幣와 方物에 대해서도 트
집을 많이 잡았으며, 譯官들이 '朝鮮에서 萬科를 보여 壯士들을 모

---

99) 『숙종실록』 4년 5월 11일 경술조.
100) 『숙종실록』 5년 12월 5일 병인조.
101) 『숙종실록』 3년 12월 11일 계축조; 4년 5월 11일 경술조.
102) 윤휴는 더 나아가 僧徒를 호적에 올리고 그들로 하여금 대오(隊伍)를 만들고 주
    장(主將)을 정하게 하자고 제의하였다. 그러나 이 제의는 '물에 떠돌아다니는 물
    고기'와 같은 승도를 호적에 올려 관리하는 어려움과 이들이 군사의 기예를 익
    히게 되었을 때 일어날 사태를 우려하여 더 진전되지는 않았다. 하지만 승도들
    까지도 국가관리체제로 조직하려고 한 의도를 엿볼 수 있다. 『숙종실록』 원년 5
    월 13일 신미조.
103) 『숙종실록』 3년 3월 18일 갑오조.

으고 城池를 수축함은 무슨 일이냐?'고 물었다고 보고하였다. 청나라도 조선의 상황을 주시하고 있었으며, 이 같은 상황에서 청나라의 심기를 불편하게 하는 국방정책을 적극적으로 추진하지 않으려고 하였다. 어린 왕의 즉위와 그에 따른 정국의 불안을 해소하기 위해서 청나라와의 대외적인 갈등을 불러일으킬 만한 조치를 삼가여 정국을 안정시키고자 한 것이 당시 정국을 주도하고 있었던 남인의 일차적 목적이었던 것으로 보인다.104)

2) 수레와 火砲의 제작

윤휴가 관직에 나가 강력하게 주장한 것 중에 하나가 수레의 제작이었다.

"백성에게서는 군사에 관한 일을 없앨 수 없고 나라로서는 무사(武事)를 잊을 수 없는데, 武備의 방도로는 걷는 것이 말을 타는 것에 미치지 못하고 말을 타는 것이 수레를 타는 것에 미치지 못하니, 수레는 軍을 만들고 陣을 세우는 나라의 大器입니다. 우리나라의 무비에는 본디 이 제도가 없으므로 천리의 강토와 萬旅의 무리가 있더라도 늘 두려워하며, 보전하지 못할세라 근심하니, 바삐 訓局·御營廳·守禦廳·摠戎廳 등에 명하여 빨리 만들어 士卒이 익히게 하고, 또 外方의 監營·兵營 및 큰 府州로서 材力이 있는 곳을 시켜 제도대로 만들게 하고 작은 고을 및 민간에서도 뜻에 따라 만들어서 평소에 익혀서 마소의 노동을 갈음하게 해야 하겠습니다. 그러면 농사와 수송에도 반드시 크게 힘입는 것이 있을 것입니다."105)

---

104) 『숙종실록』 3년 4월 1일 정미조.
105) 『숙종실록』 원년 1월 23일 임오조.

그는 현종에게 바친 책자를 書講에서 강론하게 되었는데[106] 이때 다시 武剛車의 제작을 극진하게 말하였던 것이다. 그러자 동석했던 김석주가 '먹이지 않는 말이요 발이 달려 있는 城으로 적에게 대항하는 방책으로는 車戰만 한 것이 없지만 평지에서 이로운 것이지 넓은 들이 없는 우리나라에서는 사용하기 어렵다'고 하자, 윤휴는 외바퀴 수레(獨輪)이면 험한 길도 갈 수 있다면서 적극 주장하였다.

윤휴는 수레를 사용하는 것은 옛 성현들의 가르침을 좇는 것이라고 생각하였다.

> "예전에는 수레 몰기와 활쏘기는 같은 법으로 聖人이 罪人을 벌하고 무고한 자를 구제하고 중국을 안정시키는 도구였다. 후세에 수레와 끌채 다루는 법을 쓰지 않아 북인이 말을 타고 중국을 흔들어대어 하루도 중국이 보존되지 않았으니 저들의 强弱을 보아서 중국의 安危를 점치게 될 정도였다. 五胡가 중국에서 난리를 피우고, 拓跋이 중국을 넘어들고, 거란이 燕代를 차지하고 完顔이 趙氏의를 사로잡고 몽고가 천하를 다스리었으니 대개 그 힘이 할 수 있는 바를 다하였던 것이다. 이것은 그 세력이지 運數가 아니었다."[107]

라고 쓰고 있는데, 수레 몰기와 활쏘기는 성인이 정치를 안정시키는 도구로 상용한 것으로 이를 제대로 사용하지 않아 중국이 보존되지 못한 것이라고 지적하였던 것이다.

또한 윤휴는 수레를 군사적인 업무로만 사용할 것이 아니라 경제

---

106) 『숙종실록』 원년 1월 11일 경오조.
107) 『백호전서』 27권, 「만필(하)」, '古者御與射同法 聖人所以伐有罪救無辜奠安中國之具也 後世軒轅之制不行 北人以馬奮中國 凜凜然不能一日自保 卽視彼强弱 以卜此安危而已 五胡之亂神州 拓跋之跨中國 契丹之據燕代 完顔之俘趙氏 蒙古之帝六合 蓋極其力之所至焉耳 此固勢也 非數也'.

성이 있다고 생각하였다.

"옛사람들은 곡식을 옮기는 일을 末務로 생각하였습니다. 그러나 大
無之歲를 당해서는 또한 權道의 정책을 쓰지 않을 수 없습니다. 변방
과 해안은 배로 운송할 수 있습니다. 내륙의 험준한 곳은 일정이 오래
걸리고 비용이 나날이 늘어서 운송하기에 어렵습니다. 신은 마땅히 獨
輪車 제도를 이용해야 한다고 생각합니다. 이 제도는 소나 말의 힘을
쓰거나 사람을 써서 밀고 당기지 않아도 천리에 이르는 높고 깊은 곳
에도 닿을 수 있는 것입니다."108)

윤휴는 이같이 여러모로 유익한 수레를 만드는 일에 去就를 걸
정도로 중요하게 생각하였다. 윤휴를 조정에 붙들어두기 위해서는
병거를 제작하는 시늉이라도 했어야 했고 兩南의 監營에서 그 사
정에 따라 兵車를 만들도록 하였다.109) 그러나 수레를 제작하여 적
극적으로 사용하자는 윤휴의 주장에 대해 논의할 것 없다고 말한
허적 등의 입장표명에서 볼 수 있듯이, 윤휴의 이 주장 역시 큰 성
과를 보지 못하였다.

수레를 사용하자는 윤휴의 주장은 그의 실학적 사고가 표출된 것
이라고 볼 수 있다. 그는 군사적·경제적으로 유용한 수레를 사용
함으로써 필요 이상으로 소모되는 인력을 줄이고자 하였던 것이다.

윤휴가 군사력과 관련하여 중요하게 판단하였던 것이 火砲였다.

---

108) 『백호전서』 10권 「辭職兼陳所懷疏—貼黃」, '至於移粟一事 古人以爲末無 然當此大
無之歲 又不得不爲權時之策 其地邊江海者 固可船運 其陸地險阻 長程費日 有難
以運致者 臣謂當用獨輪車之制 是制也 不勞牛馬之力 用人推挽之 可以致千里歷高
深焉'.
109) 『숙종실록』 원년 12월 2일 을묘조.

"화포는 前代에는 없던 것으로 南蠻의 바다 가운데서 처음 나왔다. 지난날 소인배의 나라 일본이 화포로써 우리 삼한을 무너뜨리고 곧장 鴨綠江까지 공격하여 천하를 요동시켰으며, 建州의 오랑캐 군사도 우리에게 靈을 빌려가 드디어 松關에서 크게 이겨 山海關에서 승리하였다. 몇 달 되지 않아서는 갑자기 八方의 끝까지 차지하였다. 천둥 번개 치듯이 신속하게 떨어 버리고 깨끗하게 처리하여 천하를 震驚하게 하였으니, 비록 황제와 湯王과 武王의 군사라 할지라도 이들의 맹렬함만 같지는 못하였을 것이다. 하늘이 어찌 이 凶器를 나게 하여서 異類에게 주시어 生靈을 屠戮하게 하고 中夏를 殄滅시켜 이에 이르게 하였는가? 아 기이한 일이구나!"110)

그런데 당시 조선의 화포 제작기술은 청나라보다 우월하였다. 그리하여 청나라에서는 조선에서 만든 화포를 공물로 요구해 오기도 하였다.111) 이에 대하여 윤휴는 다음과 같이 쓰고 있다.

"우리 병사를 보니 이르는 곳마다 앞에 (맞서는) 陣營이 없다. 그래서 우리 병사를 일러, 天下의 精兵이라고 하며, 우리 병사를 갖추어 漢人보다 더 후대하였으며 자기 나라 사람보다도 후대하였다. (그런데) 우리는 이 精兵과 利器를 가지고 있으면서도 저들에게 伥鬼가 되어서 적들에게 실어 나르니, 또한 무슨 까닭인가?"112)

---

110) 『백호전서』 27권 「만필(하)」, '火丸 前代未有也 始出自南蠻海中 向日日本小醜 旣以是剪覆我三韓 直擣鴨綠 以搖動天下 旣又建州之兵 假靈於我 遂至大鏖松關 全勝山海 不數月而奄有八荒 其迅掃廓淸 如雷如霆 震驚天下 雖黃帝湯武之師 不若是之烈也 天之何爲生此凶器 授諸異類 使之屠戮生靈 殄滅中夏 乃至於是也 吁亦異哉'.
111) 이왕무, 「조선 후기 조총제조에 관한 연구-17~8세기를 중심으로-」, 『경기사론』 2집 中山申翰雨教授停年記念 경기대학교 사학회, 1998; 이강칠, 「조선 효종조 나선정벌과 彼我 鳥銃에 對한 小考」, 『고문화』 20, 서울 한국대학박물관협회, 1982 참고.
112) 『백호전서』 27권, 「만필(하)」, '但見我師所至 前無橫陣 遂謂我天下精兵 待我兵加厚於漢人 又加厚於其人 嗚呼 我有此精兵利器 而乃爲伥鬼於彼 以輸籍於敵 亦獨

이와 같은 훌륭한 무기를 가지고 있으면서도 청나라의 굴복하는 청의 군사적 요구를 들어주는 것에 대해 비판하였던 것이다. 그는 이러한 최신의 무기를 북벌대의를 실현하는 데 사용할 것을 거듭 주장하였던 것이다.

윤휴는 지리적으로 중국은 우리나라를 쉽게 공격하거나 차지할 수 있는 곳이 아니라고 생각하였다.

> "수나라가 부강하였지만 그 군대가 살수에서 망하였고, 당나라의 황제가 뛰어난 武勇이 있었으나 그 지략이 안시성에서는 막혀 버렸다. 천하가 본디 우리를 어찌할 수 없었는데, 구구하게 한 모퉁이의 후방도 없는 군대가 성 아래에 곧장 밀어닥쳐, 기어이 犬羊의 맹서를 하였으니 이것이 무슨 연고인가? 學士와 大夫는 그 까닭을 깊이 생각해야 할 것이다."113)

그러므로 조선이 얼마든지 청나라와 대적할 만하다고 생각하였던 것이다. 이와 같음에도 불구하고 청나라에 대한 굴욕적인 외교관계 유지는 기존의 틀 속에서 안정을 추구해 간 미봉책에 불과하다고 할 수 있을 것이다.

3) 五家作統法과 號牌法의 재정비

윤휴는 당시에 이미 시행되고 있던 오가작통법과 호패법에 대해

何哉'.
113) 『백호전서』 27권 「만필(하)」, '以隋氏之富强 以兵覆於薩水 以唐皇之神武 而智窮 於安市 天下固無奈我何 乃區區一隅之聚孤軍 直抵城下 遂爲牽羊之盟 此又何故 學士大夫 宜亦深思其故'.

서도 재정비할 것을 촉구하였다.

　　"우리나라에는 土着의 법이 없으므로 백성이 새나 짐승처럼 돌아다
니니, 이제 현재 시행하는 五家統의 제도를 다시 申明하여 대략 管氏
의 內政처럼 토착이건 유민이건 물론하고 都城의 안팎에서는 한결같이
이 법으로 단속하여 혹시라도 전일처럼 달아나 숨는 폐단이 없게 해야
하겠습니다. 그러면 거의 위아래가 서로 연계되어 백성이 두려워 조심
할 줄 알 것이고, 그리고서야 役과 군사를 차출하는 법이 위에서 하고
자 하는 대로 따라서 어지러워지지 않을 것이니, 이것은 참으로 백성을
다스리고 군사를 다스리는 큰 근본입니다."114)

　　五家作統法의 경우 시행은 되고 있었지만 철저하지 않았기 때문
에 인민의 수를 제대로 파악하지 못하여 오는 폐단이 많았으므로
오가작통과 호패법을 실시하여 이러한 폐단을 없애자고 주장하였
다.115) 그리하여 祖宗朝의 舊法이기는 하였지만 그 구체적인 조목
이 정해져 있지 않았던 五家統을 周官의 比閭와 管仲의 內政을 기
초로 재정립하여 시행하고자 하였다.116)
　　윤휴의 제안에 대하여 허적은 그 필요성에 대해서는 동의하지만,
왕위를 이은 지 얼마 되지 않는 시점에서 실시하기에는 어려움이
있으므로 좀더 시간을 두고 검토할 것을 주장하였다.117)
　　윤휴의 주장은 조정에서 논의되어 시행하기로 결정되었다. 備邊
司에서 五家統의 事目을 말하였으나, 논의가 일치하지 아니하여 오
랫동안 完定하지 못하다가, 이제 비로소 停當하여 別單에 써서 들

---

114)『숙종실록』원년 1월 23일 임오조.
115)『숙종실록』원년 1월 24일 계미조.
116)『숙종실록』원년 5월 9일 정묘조.
117)『숙종실록』원년 1월 24일 계미조.

였는데, 21條이었다. 윤휴가 처음에 주장한 오가통의 제도는 『管子』
를 모방한 것인데, 시행상의 어려움이 많아, 許積이 金錫胄・柳赫然
등과 더불어 논의하여 조율하였던 것이다.118)

윤휴의 북벌을 위한 정책 중 兵車를 만드는 일과 五家統, 萬科의
설행은 시행되었다. 이 같은 시행은 당시 조정과 재야에 상당한 파
란을 일으켰다. 그 같은 분위기에 놀란 鄭致和는 다음과 같이 말하
였다.

'요즈음 閭閻에서 소동하여 이르기를, "兵車를 만들어서 강을 건너려
고 하는데, 기일이 2월에 있다"라고까지 하며, 또 신에게 묻는 자가 있
어 말하기를, "領相이 이미 體察使가 되었으니, 어느 날 군사를 일으키
느냐?"고 하니, 빨리 인심을 진정시킬 방도를 생각하면 天災를 그치게
할 수 있습니다. 또 五家統과 紙牌 등의 법도 빨리 정지하는 것이 가
합니다.'119)

정치화는 지나치게 앞서가는 분위기를 빨리 진정시킬 필요를 느
꼈던 것으로 생각된다. 윤휴의 이 같은 입장에 대하여 우려하는 목
소리도 높았다. 復讐雪恥하여 대의를 펴는 것에는 동의하지만 그
시기가 적당하지 않다는 주장이 있었다.

결국 윤휴의 北伐을 위한 제안들은 거의 대부분 시행되지 못하였
다. 숙종을 비롯한 조정대신은 北伐의 실천을 불가능한 것으로 생
각하였다. 물론 윤휴와 뜻을 같이했던 인사들은 있었다.120) 그러나

---

118) 『숙종실록』 원년 9월 26일 신해조.
119) 『숙종실록』 원년 12월 28일 신사조.
120) 우부승지 이동규가 상소하기를 "체부를 다시 설치하고 한 대신에게 명하여 군국의
중임을 맡겨서 스스로 부사와 종사를 골라 쓰게 하고, 인하여 준이한 선비를 불러
서 참좌를 갖추어 충액을 넓히게 할 것이며, 재주와 무예가 있는 자를 거두어 모

서인의 관점에서 기록된 실록에서는 이 같은 이들을 벼슬길을 도모하기 위해 나온 인물로 평가하면서 復讐을 핑계 댄 것이라고 쓰고 있다.

서인들은 대다수 북벌정책 추진에 미온적이었다. 그들은 중국의 정세가 변하고는 있지만 섣부른 행동은 자칫 화를 불러올 수 있다고 생각하였고, 당시 조선의 사정도 전쟁을 치를 상황이 아니라고 보았던 것이다.

庚申換局으로 남인들이 실각한 후에 조정의 분위기는 이전의 상태로 돌아갔다. 閔鼎重 등은 군액을 줄일 것을 요구하였다.[121] 그는 일찍이 효종조에 군비를 줄이자는 제의가 있었으나 효종의 북벌 의지가 너무 강하여 변통되지 않았으나 이제는 성상께서 결단을 내려서 적당한 선에서 군비를 감액할 것을 청하였던 것이다.

당시 군사체제를 유지하기 위한 비용은 상당한 부담이 되고 있었다. 서인 李端夏는 '국가의 한 해 수입은 겨우 12만 석인데 8만 석이 오로지 군사를 양성하는 수요로 돌아가 국가의 비용을 언제나 모자라게'[122] 하는 지경이라고 한 것을 보면 대부분의 비용이 군사용으로 쓰이고 있었던 것을 알 수 있다.

이러한 견해차이는 윤휴와 정치적 궤도를 같이하였던 남인들에게서 찾아볼 수 있다. 조정에 몸담았던 남인세력인 허적이라든가 허목도 역시 윤휴의 북벌정책 추진을 강하게 반대하였다. 시기적으로 그것은 추진할 수 없는 것이라는 것이 기본입장이었던 것이다. 즉 윤휴의 북벌대의에는 원칙적으로 합의하지만 그의 실현은 현실적으

아서 편비를 성하게 하여 군용을 굳게 하기"를 청하였다.
121) 『숙종실록』 7년 8월 8일 무자조.
122) 『숙종실록』 7년 8월 8일 무자조.

로 어렵다고 보는 것이었다. 이것은 오랫동안 학문에 전념하면서 이상을 좇았던 윤휴와 현실정치 속에서 생존을 모색하여야 했던 조정 관료들과의 현실인식의 차이라고 할 수 있다.

이상과 같이 윤휴의 북벌대의론에 대하여 살펴보았다.

1623년에 일어난 反正은 당시 성리학적 윤리관에 입각하여, 殺弟廢母의 悖倫과 청과 통교한 광해군을 서인의 주도하에 남인이 연합하여 폐위시키고 새로운 왕을 옹립한 사건이었다. 이 사건으로 대북세력은 종식되고, 서인은 정국의 주도권을 장악하게 되었다. 서인은 반정을 통해 정권을 장악하게 되자, ‘崇用山林’ ‘無失國婚’을 내세우는 등 일단 장악하게 된 권력을 유지하는 데 주력하였다. 반정을 통해 왕위에 오른 인조 역시 반정세력과의 공조체제를 통해 자신의 왕권을 공고히 하고자 하였다. 그리하여 광해군 정권의 핵심세력을 정계로부터 축출하고 새로운 정치권을 조성하였다.

그러나 이들 반정세력은 정국을 장악한 지 불과 10여 년 만에 두 차례에 걸쳐 오랑캐라고 무시했던 청나라로부터 침입을 받고, 형제관계에서 군신관계로 이어지는 정치적 파국을 맞이하게 되었다. 이러한 사태는 광해군의 후금과의 통교가 반정의 명분이 될 만큼 반청의식이 고조되어 있던 당시 상황과 그것을 명분으로 반정을 일으켰던 반정세력의 기반을 생각해 볼 때, 상당한 파장이 예상되는 것이었다.

신하들이 왕을 폐위시키고 새로운 왕을 옹립시키는 반정을 통해 왕위에 오른 인조에게 자신의 등극 명분과 정반대의 청나라와의 화친은 상당한 정치적 부담이 되었을 것이다. 그리하여 인조는 자신의 정치기반을 튼튼히 하기 위해 반정명분이 지켜져야 한다고 생각하였으며 그러한 인식 속에서 효종의 왕위계승은 가능하였다고 생각된다.

효종은 친형인 소현 세자와 그의 아들인 원손을 제치고 세자에 책봉되었다. 그의 세자책봉과 왕위계승은 사실상, 반정명분의 계승을 의미하는 것이었다. 때문에 그는 반정명분을 북벌책이라고 하는 실질적인 정책 수행을 통해 이루고자 하였다. 이는 자신의 세자책봉에는 반대하였으나 척화론을 주장하며 조정을 떠난 지식인들을 불러들일 수 있는 명분이 되기도 하였다.

윤휴에게도 이 무렵 정계진출의 기회가 주어졌다. 그러나 그는 끝내 출사하지 않았다. 그가 출사를 한 것은 숙종 원년(1675)인 그의 나이 59세 때였다. 효종의 사망으로 인해 제기된 복제논쟁은 효종의 아들인 현종에게는 상당한 정치적 부담이었기에 북벌을 위한 특별한 정책은 논의되지 않았다. 그러다 현종 15년에 중국 강남 지역의 三蕃에서 명나라의 부흥을 부르짖으며 일어난 난리로 청나라가 내란에 휩싸이게 되자, 이 소식을 접한 조선에서는 재야를 중심으로 북벌론이 제기되었다.

윤휴는 그 논의의 선봉에 선 인물이었다. 강력한 반청주의자였던 그는 삼번의 난으로 중국의 정세변화에 야기되자, 北伐大義를 명분으로 출사하였다. 그는 출사 후 북벌을 실현할 수 있는 절호의 기회라고 생각하여 북벌정책 추진에 앞장을 섰다. 청나라, 즉 오랑캐의 등장으로 크게 훼손된 의리를 바로잡을 수 있는 절체절명의 기회가 도래하였으므로 청나라와 관계를 끊고 주변의 나라들과 연합하여 청나라를 공격해야 한다고 주장하였다. 그리하여 오랑캐에게서 받은 치욕을 반드시 씻어야 한다고 생각하였던 것이다.

당시의 대다수의 지식인들은 명나라에 대한 의리에 기반을 둔 반

청의식을 지니었다. 그러나 윤휴에게서는 단순히 명나라에 대명의
리적 차원이 아닌, 조선이라는 국가의 정체성이 훼손되어 역사에
남긴 오명을 씻어야 한다는 의식이 더 강하게 배어 있었다. 그리하
여 그는 그 같은 치욕을 씻지 않는 한, 조선은 국가로서의 존립명
분을 확립할 수 없다고 생각하였던 것이다.

그러나 그의 주장은 현실성이 없다는 이유로 번번이 좌초되었다.
윤휴가 주장한 북벌론의 좌절은 곧 청나라의 중심의 질서를 인정한
다는 것을 의미하는 것이라고 생각한다. 호란 이후의 북벌론은 반
정으로 왕위를 차지한 인조와 그의 계열에서 배출된 왕들의 권력의
정당성과 밀접한 관련이 정책이었으며, 더 나아가 조선이 국가적
이념으로 채택한 유학의 춘추대의론과도 떼어놓고 생각할 수 없는
것이었다. 그러나 오삼계의 난이 평정되고 조선에 대한 청의 지배
가 강화되면서 북벌론은 그야말로 명분으로만 남게 되었으며 조선
의 국운이 다할 때까지 청나라는 조선의 종주국으로서 행사하였던
것이다. 反正과 國是의 名分은 그야말로 名分으로만 남게 되었던
것이다.

V 三代復古的 帝王政治論

1. 己亥服制論爭과 帝王至尊的 禮論

1) 己亥服制論爭과 尹鑴의 介入

윤휴의 학문이 널리 알려지게 된 것은 『中庸』에 대한 주해서 때문이었다. 송시열은 윤휴의 학문적 성향을 경계하여 윤휴를 사문난적이라고 비난하였으며 이러한 송시열의 견해는 서인에게 영향을 미쳤다. 그 후 윤휴는 효종의 죽음으로 야기된 服制論爭을 계기로 서인과 결별하게 되었다.

효종의 사후에 일어난 服制論爭은 처음에는 인조의 繼妃인 慈懿大妃가 죽은 아들을 위해 얼마간 喪服을 입어야 하는 단순한 문제였다. 國喪의 복제는 대체로 『國朝五禮儀』의 규정에 따라 시행되는 것이 관례이었다. 그러나 母后의 服喪 가운데 王位를 계승한 아들에 대한 喪服에 대한 규정이 마련되어 있지 않아, 조정에서는 三年服과 朞年服을 두고 服制에 대한 논의가 일어났다.[1]

이때 윤휴는 『儀禮』에 근거하여 三年服을 입는 것이 帝王家의

---

1) 『현종실록』 즉위년 5월 5일 을축조; 『현종실록』 원년 4월 2일 병술조.

法道에 합당하다고 주장하였다.2) 그는 이 같은 자신의 생각을 주변의 인사들에게 피력하였고, 그의 견해는 李惟泰, 宋時烈, 宋俊吉, 鄭太和 등 서인들에게 전해졌다.

당시 王室의 禮는 주로 『國朝五禮儀』를 중심으로 시행되었으며, 士家의 경우에는 『朱子家禮』를 근간으로 하는 禮가 존중되고 있었다.3) 그러나 윤휴는 '古禮'로 존중되고 있던 『儀禮』를 典據로 삼아 삼년복을 주장하였다. 때문에 윤휴의 주장은 쉽게 무시될 수가 없었다.

윤휴의 이러한 주장에 대하여 송시열은 『儀禮』注疏의 삼년복을 입을 수 없는 예외 조항인 '四種之說'을 지적하면서 異意를 제기하였다.4) 그런데 四種之說은 단지 몇 년 동안 服을 입을 것인가의 문제뿐만 아니라 해석 여하에 따라서는 孝宗의 왕위계승의 정당성을 부정하는 것으로 해석될 수도 있었다.

당시는 인조의 큰 아들인 소현 세자의 셋째 아들이 살아 있었기 때문에, 효종을 庶子로 간주하여 '體而不正'을 적용시켜 慈懿大妃가 기년복을 입게 된다면, 효종은 서자로서 왕위를 계승한 것이 되어 정통성 문제가 본격적으로 논의될 위험이 있었던 것이다.5)

---

2) 『백호전서』 연보, 10년 기해. 先生又答宋書曰 帝王家以宗統爲重 四種之說恐用不得 蓋先生姑發其端 欲更俊討論也.
3) 당시에는 禮에 대한 관심이 증가하면서 각종 예서들이 편찬되었다.
4) 송시열이 주장한 四種之說은 다음과 같다. (1) 正體不得傳重 (2) 傳重非正體 (3) 體而不正 (4) 正而不體를 말하는 것으로서 (1)은 嫡子로서 廢疾 때문에 왕위를 계승하지 못한 경우이고, (2)는 庶孫이 뒤를 이었을 경우이고, (3)은 庶子가 뒤를 이었을 경우이고, (4) 嫡孫이 뒤를 이었을 경우이다. 이 네 가지 경우에는 비록 承重을 하더라도 아버지가 아들을 위하여 삼년복을 입지 않는다는 것이다. 송시열은 四種之說을 설명한 후에 孝宗은 (3) 體而不正에 해당하고 소현 세자의 아들은 (4) 正而不體에 해당한다고 하였다.
5) 李成茂, 「17세기의 禮論과 黨爭」, 『조선후기 당쟁의 종합적 검토』, 정신문화연구원, 1992, 36쪽; 이영춘, 『조선후기 왕위계승 연구』, 집문당, 1998, 179-205쪽.

논의가 뜻밖의 사태로 진전하자, 영의정 정태화는『儀禮』에 의거한 服制를 접어두고,『大明律』과『經國大典』등의 규정을 참고하여 長子와 次子 구분 없이 입는 기년복으로 결정하여 시행하도록 하였다. 논란 끝에 기년복으로 결정되었던 것이다.

그러나 이듬해인 현종 원년(1660)에 許穆이 상소를 올리면서 복제가 다시 거론되었다. 허목은 세상을 일찍 뜬 소현 세자를 대신하여 효종이 '嫡子'가 되었으며 '正體'로서 宗統을 이었으므로 '體而不正'에 해당하지 않는다고 주장하였다.6) 즉 허목은 송시열에 의해 제기되어 시행 중인 기년복은 降等된 服制로서, 宗統을 계승한 효종을 庶子, 즉 妾子로 간주한 것이므로 '禮에 어긋난 服制'라고 주장하였던 것이다. 허목은 잘못된 服制를 大喪事의 練祭를 마치기 전에 하루 빨리 바로잡아야 한다고 주장하였던 것이다.

이런 가운데 정태화 등은 여전히 國制에 근거하여 정한 기년복을 고집하였다. 반면에 右議政 元斗杓 등은 三年說의 타당성을 인정하기에 이르렀다.7) 그러자 송시열과 송준길은 허목의 자의적인 경전 해석을 문제 삼았다. 또한 인조가 長子인 소현 세자의 喪事 때에 三年服을 입으라는 대신들의 뜻에도 불구하고 기년복을 입었던 사실을 들어 次子인 효종을 위한 三年服은 곤란하다고 주장하였다.8) 이렇듯 이미 기년복상 기간이 다 끝나가고 있는 무렵에 올려진 허목의 상소로, 조정은 服制를 둘러싸고 삼년복과 기년복의 대립이 재현되었던 것이다.

그런데 사태는 尹善道의 상소가 올라오면서 급변하였다. 윤선도

---

6)『현종실록』원년 3월 16일 신미조.
7)『현종실록』원년 4월 16일 경자조.
8)『현종실록』원년 3월 21일 병자조; 4월 2일 병술조.

는 허목의 주장을 지지하였을 뿐만 아니라 당시 서인을 이끌고 있던 송시열과 송준길에 대해 신랄한 비판을 쏟아 부었다. 윤선도는 그들이 자신들의 잘못을 변명하기 위해 禮經의 문자를 여기저기서 주위 모으고 자신들의 所見을 첨가하였다고 주장하였으며 신하로서의 역할도 제대로 수행하지 못하고 있다고 강도 높게 비판하였다.9) 이렇듯 윤선도는 송시열과 송준길의 禮論의 오류를 지적하고 그들의 이전의 행적에 관해서까지 과격하게 비판하였던 것이다. 그리하여 윤선도의 상소를 계기로 복제논의는 남인과 서인의 정치적인 논쟁으로 변화될 조짐을 보였던 것이다.10)

그런데 허목은 服制에 대한 상소를 올리기 전에 윤휴와 서신을 통해 그에 대해 논의하였다.11) 허목은 윤휴와의 議論을 통해 자신의 주장이 합당한지 먼저 확인한 다음에서야 상소를 올렸던 것이다. 허목의 論說을 접한 윤휴는 '(허목의 논설이) 질서가 정연하고 근거가 있는 말이어서 복제논의를 판가름하기에 충분할 것'이라고 말하였다. 윤휴와 허목은 '夫婦가 함께 낳아 祖宗의 傳重을 받은 자를 가리켜 正이 아니라고 하는 것'은 명백한 잘못이라는 점에 뜻을 같이하였던 것이다. 이때 윤휴는 허목의 예론에 덧붙여, 諸侯와

---

9) 『현종실록』 원년 4월 18일 임인조.
10) 기해년 복제논쟁에서 기년복이 잘못되었다는 발설은 윤휴에 의해서 비롯되었지만, 곧장 정치문제가 되었던 것은 아니다. 服制問題가 정치문제로 등장한 데에는 許穆과 尹善道의 上疏가 직접적이었다. 『眉叟記言』 「眉叟 許先生 연보」 제1권 경자년 현종 대왕 원년조와 『백호전서』 연보, 경자년(현종 원년 5월조)에는 허목이 이 문제를 가지고 상소를 하였음을 알려주고, 『숙종실록』 6년 2월 1일 신유조에서 허적도 禮論의 發論者로 허목을 언급하고 있다. 또한 당론화되어 본격적으로 논의되었던 것은 윤선도의 상소로 말미암았다. 이영춘, 「제1차 禮訟과 윤선도의 예론」, 『청계사학』 6, 정신문화연구원 청계사학회, 1989 참고.
11) 허목은 윤휴와 서신을 통해 服制에 대해 논의하였으며, 윤휴는 허목의 상소로 복제가 정치문제화된 후에 자신의 견해를 알리는 疏를 올렸다. 『백호전서』 연보, 경자(현종 원년 5월조); 『眉叟記言』 연보, 제1권 경자년 현종 대왕 원년(65세) 참고.

五屬의 親族인 자는 모두 斬衰服을 입어야 한다고 주장하였다.12)

이 같은 사정으로 말미암아 윤휴는 조정의 복제논의에 적극적으로 가담하지 않았음에도 불구하고 허목과 윤선도의 상소에 論理的 根據를 제공한 인물로 지목되어 송시열 등 서인들과 매우 불편한 관계에 놓이게 되었다.13) 서인은 윤휴의 예론에 대하여 반감을 갖게 되었던 것이다.14)

복제논의가 다시 불붙게 된 것은 허목과 윤선도의 상소로 말미암은 것이었는데도 윤휴가 먼저 삼년복제를 주장하고 그 후에 윤선도가 가세하였고, 南人이 禮論을 빌려서 기년복제에 대한 책임을 송시열에게 전가하여 서인을 공격하려고 하였다는 것이다. 그러자 처음 윤휴의 삼년설을 옳게 여겼던 서인들도 송시열을 지지하게 되었다는 것이다.15)

이미 그전부터 윤휴를 斯文亂賊이라고 배척하였던 송시열은 禮論의 기폭제가 되었던 尹善道의 상소는 枝葉에 불과하고 윤휴를 '禮論의 주동자'라고 단정하며 더욱더 이적시하였다. 송시열은 윤휴가 '禮論을 핑계하여 사류들을 모해한다'고16) 생각하였으며, 복제논쟁을 계기로 다시 한번 윤휴를 '朱門의 反賊'이라고 규정하기에

---

12) 『현종실록』 원년 5월 1일 을묘조.
13) 『송자대전』 연보, 32년 己亥(53세) 5월 5일 을축조. 정태화는 服制에 대해서 송시열과 대화하는 가운데 '그런 말이 이미 윤휴에게서 나왔으니 그의 뜻을 헤아릴 수 없다'고 하면서 적잖은 우려를 표명하고 있다. 서인은 윤휴가 적극적으로 服制에 개입하지 않았는데도, 그것이 윤휴에게서 발설되었다는 점만으로도 예민한 촉각을 세우고 있었던 것으로 보인다.
14) 서인이 정권의 주도권을 장악했던 무렵에는 단 한 차례도 관직이 제수되지 않을 정도로 서인과의 관계는 냉각되었다. 윤휴에 대한 관직 제수는 1660년 9월에 司憲府 持平을 끝으로 없었으며, 尹鑴가 출사하였던 때는 남인이 정권을 장악한 이후였다.
15) 『黨議通略』, 「禮訟의 發端」 46.
16) 『宋子大全』 연보, 35년(1662) 임인조.

이르렀다.17)

그러나 이와 같은 사태의 진전은 윤휴에게는 매우 뜻밖이었다. 윤휴는 服制論議가 정치적 쟁점이 되어 확산되는 것을 부정적으로 생각하였다. 윤휴는 조정에서 禮論에 대해 문의해 왔을 때, 자신의 견해를 적극적으로 주장하지 않았다. 그는 服制의 非正을 復作하기 위해 찾아온 禮官에게 '朝廷之事는 진실로 在野에서 알 바가 아니며 구구하게 감히 번거로이 이 議論에 참여하여 朝廷을 욕되게 할 수 없다'고 하였다.18) 윤휴는 복제논의가 정쟁화되는 것을 우려하여 조정의 논의에 참여하지 않았던 것이다.

이 같은 윤휴의 태도는 李惟泰 등 서인들에 의해 二重的인 것으로 매도되었다. 서인은 윤휴가 사류들 사이에서는 적극적으로 삼년복을 주장하면서19) 조정에서 문의하여 왔을 때는 미온적으로 대처한 점을 들어, 앞에 나서지 않고 뒤에서 예론을 조장한다고 비난하였던 것이다.

그러나 윤휴는 조정에서 논의되는 禮論과 私的인 관계에서 논의하는 禮論의 비중을 다르게 생각하였다. 禮論에 임한 그의 자세는 다음에 잘 나타나 있다.

'내가 대궐 아래에서 한 말은 물으신 바에 대답한 것이고, 허목과 더불어 正書한 것은 서로 아는 사이에 논변한 것이고, 이유태와 더불어 편지를 한 것은 오랜 친구의 義理에서 克己歸正하고자 한 것이지, 참소하는 사람의 망극함을 받을 일은 아닙니다. 獻議 한 가지 일은 君上

---

17) 『宋子大全』 연보, 38년(1665) 9월 2일(을유조).
18) 『백호전서』 연보, 己亥 10월조; 庚子 5월조.
19) 『백호전서』 연보, 己亥(1659년) 5월조에는, 宋奎禎이 服制를 물어 왔을 때, 尹鑴가 "본래 이야기하지 않고 감히 대답하지 않으려 하였으나 (규정이) 기왕에 個人的으로 물으니 또한 잠잠할 수가 없다"고 말하면서 답변하고 있다.

之間에 감히 대답하지 않을 수 없었던 것인데 비천한 까닭에 감히 말을 다하지도 못하였습니다. 나의 마음의 시작과 끝이 같을 뿐인데, 윤선도의 違悖와 권사성의 失言이 나와 무슨 상관이 있습니까? 여러분들이 책망하는 까닭에, 나는 진실로 어리석고 답답하여 대답할 방법을 모르겠습니다. ……지금 한 가지 일을 논의하는데 서로 그르다 하여, 여러분들이 오랑캐와 창을 들고 싸우듯이 사람을 땅 위에 두려고 조차 하지 않으니, 이것이 과연 무슨 氣象이며 무슨 道理입니까?'[20)]

윤휴는 朝廷의 問議와 허목, 이유태와의 서신에서 오간 服制에 대한 논의가 개진된 상황에 대해 언급하고 있다. 그는 조정의 논의에 대해서는 조정에 몸담고 있지 않은 사람이 함부로 거론할 수 없었지만, 허목이나 이유태와의 논의는 가까이 지내는 사람끼리 '克己歸正'하는 마음으로 서로 논의할 수 있다고 생각하였다. 각자의 견해를 나누는 논의는 얼마든지 정당한 것으로 보았다.[21)]

또한 윤휴는 기본적으로 복제에 대해 서로 다른 견해를 주장할 수 있다고 생각하였다. 그는 의견이 다르다고 해서 그것으로 편을 가르는 것은 부당하다고 여겼다. 그래서 그는 송시열에게 보낸 편지에서 '자기와 의견이 다르다고 하여 반드시 그릇된 것도 아니고 의견이 같다고 해서 옳은 것도 아니다'라고 하면서 오히려 여러 의견이 개진되는 것이 조정의 福이라고 주장하였던 것이다.[22)]

---

20) 『백호전서』 17권, 「答宋伯興黃周卿」, '僕之闕下之言 應所問也 與許正書 與相知論辯也 與李令書 有故舊之義也 欲其克己歸正 無受讒人之罔極也 獻議一事於 君上之問 不敢不對 而亦以鄙賤之故 不敢盡其辭也 僕之心事首末 不過如此而已 海尹之違悖 誠友之失言 顧亦何與於我哉 諸賢之所以致責者 鑞誠愚蔽 不知所以置對也…… 今者一事之論議相左 而諸賢爲之蠻擧戈戟 直欲不置人於地上 此果何等氣象 何等道理也'.
21) 『백호전서』 26권, 「與李承旨惟泰書」, '然而鑞竊以爲朝廷之禮 固非在下者所敢知 若事之大者 關於是非憂樂 其在友朋親知講劘規獻之義 則有不可默默而已者'.
22) 『백호전서』 16권, 「與宋英甫宋明甫李泰之」, '況異己者未必非 而同己者未必是 是我

윤휴는 대립된 의견을 논의를 통해 조정해 간다면 그것이 오히려 조정의 福이라고 생각할 정도로 학문적인 입장의 차이와 그에 대한 논의를 긍정적으로 보았다. 때문에 조정에서의 논의와는 별도로 학문적인 입장에서의 논의는 문제가 되지 않는다고 생각하였던 것이다. 그러한 논의를 통해 얻어진 결론을 채택할 것인가의 문제는 그야말로 정치적인 결정이지 학문적으로 결정할 문제가 아니라고 생각하였다. 오히려 윤휴는 異見을 좁히기 위한 노력은 하지 않고, 견해가 다르다고 하여 그것을 빌미로 배척하는 풍조에 대해 항의하였다.23)

더욱이 당시에는 禮와 관련된 견해를 문제 삼는 일이 없었다. 禮經의 내용이 워낙 복잡한 것이었기 때문에 사람들마다 생각이 다를 수 있었고, 어떤 의미에서 다른 견해를 주장하는 것은 당연한 것이었다. 禮를 논한 것으로 신하를 벌 줄 수 없다는 것이 당시의 일반적인 견해였던 것이다.24) 그러나 기해년의 복제논의는 송시열의 禮

者 未必皆君子 而非我者未必皆匪類 無異論 未必爲朝廷之福 惡我者 未必不爲助我者也'.

23) 윤휴의 이와 같은 견해는 출사한 이후에는 좀 달라지는 것으로 보인다. 그는 숙종 원년에 정계에 진출한 뒤, 송시열 등이 효종 대왕의 복제를 잘못 논의하여 대경을 문란케 하였는데 이는 '임금을 무시하는 지경에 이르고 종통과 禮를 무너뜨린 죄'라고 힐난하며, 禮를 바로잡을 것을 상소하였다. 그는 더 나아가서는 잘못된 예를 바로잡는 경위에 대해서 종묘에 고해야 한다고 주장하였다. 그런데 이 '告廟'는 송시열의 정치생명에 치명적인 사안이었다. 때문에 송시열을 제거하기 위한 조치로 이해되었고, 서인들은 극렬하게 반대하였던 것이다. 『백호전서』 6권, 「論服制疏」, '宋時烈等實亂大經 蓋其所聞者 士庶之事 而不聞有王朝之大禮也 所知者長少之序 而不知有宗庶之大分也……遂不自知其入於無君之域 亂統壞禮之罪也'; 『백호전서』 10권 '辭職兼陳所懷疏' 참고.

24) 『숙종실록』 즉위년 10월 15일 을사조. '김수항은 의문이나 변례는 비록 선유의 정론이 있다 하더라도 마땅히 행하지 않아야 한다면 그만이니, 만약에 예를 논한 사람을 죄준다면 크게 옳지 않습니다. 예문은 갈래가 많아서 성인이 다시 나온 연후에야 시비를 결정할 수 있는 것이니 본디 朝家에서 강제로 정할 수 있는 것이 아닙니다'라고 기록되어 있다.

論과 더불어 그의 행적이 함께 거론되었고, 효종의 종통성을 인정할 것인가의 여부와 관련되면서 복잡한 양태를 띠게 되었던 것이다.

2) 尹鑴의 帝王至尊的 禮論

윤휴의 禮論은 古禮 중 하나인 『儀禮』에 의거한 것으로, 그의 禮論의 특징은 '王者의 禮'와 '일반 사대부의 禮'는 다르다는 점이었다.25) 윤휴의 그러한 생각은 宋나라 元祐 皇后의 復位와 관련된 견해에서도 잘 나타나 있다. 당시 일각에서는 元祐 皇后가 폐위되었다가 시동생인 徽宗에 의해 복위된 것에 대해서 시동생이 형수를 復位시키는 禮는 잘못된 것이라고 주장하였다. 이에 대해 윤휴는 다음과 같이 말하고 있다.

> '나는 그렇지 않다고 생각한다. 이것은 사대부 집의 禮를 말한 것뿐이다. 天子는 위로는 神天을 받들고 아래로는 天下의 주인이 되어 그 擧措가 위로는 하늘의 뜻을 받들고 아래로는 民心을 따르는 것이 마땅하다. 孟后의 廢位는 천리와 민심이 아니었으므로 後王이 天命을 계승하고 天下의 민심을 따라서 復位시킨 것이다. 家人의 禮로써 논할 수 있겠는가?'26)

---

25) 윤휴가 주장한 삼년설과 송시열이 주장한 기년설은 각기 王者禮不同士庶觀과 天下同禮觀으로 이해되었다. 비록 王家라 할지라도 士大夫와 다를 바 없는 보편적인 喪禮를 준수해야 한다는 주장과 帝王家는 士大夫家와는 다르므로 士大夫의 禮를 적용할 수 없다는 주장은 왕의 권력과 그 행사 범위에 대한 이해로 이어지는 것이므로 간단한 문제가 아니었다. 지두환, 「조선후기 예송연구」, 『부대사학』 11집, 부산대학교 사학회, 1987 참고.

26) 『백호전서』 27권, 「만필」(하), '余曰不然 此自士大夫家可言爾 若天子則上奉神天 下爲天下主 其所擧措 當上承天意 下順民心 孟后之廢 非天理與民心也 後王承天命順天下之心而復之 更何論家人之禮'.

이렇듯 윤휴는 天命을 계승한 天子가 民心을 따라 復位시킨 것이기 때문에 아무런 문제가 없다고 하였으며, 士大夫家의 禮를 '하늘의 神命을 받들고 天下의 君主가 된 天子의 禮'에 적용할 수는 없다고 하였다.

윤휴는 왕위를 계승한 자는 天命을 받든 至尊한 존재로 생각하였다. 그러기에 '九五之尊인 天子의 자리'에 오른 경우에는 長幼嫡庶를 논하지 않고 長子로서의 권위를 인정해야 하며, 宗統을 이은 의리를 생각할 때 母后라 할지라도 天下와 더불어 斬衰三年服을 입어야 한다고 주장하였다.27) 즉 윤휴는 왕위를 계승한 자는 至尊의 존재이므로 母后 뿐만 아니라 천하의 백성들이 모두 똑같은 복 —斬衰三年服을 입어야 한다고 주장하였던 것이다.

당시 삼년복에 대한 논의는 齋衰와 斬衰로 나뉘어져 있었다. 허목은 齋衰服을 주장하였으나 윤휴는 斬衰服을 주장하였다. 당시 모후를 비롯한 모든 신하들이 斬衰三年服을 입어야 한다는 윤휴의 주장은 왕을 지나치게 높이는 처사이며 모후까지 臣下로 삼는다는 비판을 받았다. 이에 대해 윤휴는 자신의 견해를 다음과 같이 밝혔다.

'斬衰服說은 그 뜻을 검토하지 않고 말한 것이 아니라 바로 周公·孔子께서 정한 것으로서 『周禮』·『禮記』에서 찾아볼 수 있으며, 先儒들의 說과 역대 帝王家의 행한 것을 각각마다 고증할 수 있을 뿐만 아니라 너무나 명백합니다. 하물며 朝典의 五禮儀에 기재되어 있는 것이 章章明甚합니다. 이에 國家의 繼統이 밝아지는 것이고 紀綱이 세워지는 것입니다. (그런데) 논의하는 사람들이 그 까닭을 깊이 살피지 않고

---

27) 『백호전서』 6권, 「論服制疏」, '但王朝之禮 自有大經 旣尊居九五 則不論長幼嫡庶 而有爲長爲君之禮 內外親戚百官庶士 皆服斬衰三年 雖母后之尊 亦以繼統之義 而與天下同其服 此天地之常經 古今之通儀 而百王不亦之道也'.

다만 일반 서민들의 親屬의 경우로써 이야기하니 어찌 고루하지 않겠습니까! 만약에 親屬으로서만 말을 한다면 帝王家에서는 서로 傳受하는 것이 반드시 父子之間이 아니고 꼭 祖孫之間이 아닌데, 먼 族屬으로서 無服의 관계에 있는 사람이 계승하는 일도 있습니다. 가령 緦麻服의 관계에 있는 사람이 계승하거나 無服者가 계승한다면 온 나라가 喪服 중에 있는데 모후가 천하에 혼자서만 緦麻服을 입고 無服할 수 있습니까? 이는 이치에 닿지 않는 것이며 행할 수도 없는 말입니다.'28)

즉 帝王家의 왕위 계승은 父子 혹은 祖孫 사이에만 이루어지는 것이 아니기 때문에 服을 입지 않아도 되는 먼 인물이 왕위를 계승하는 경우가 생기기도 하므로 親屬關係를 기준으로 복제를 논할 수 없다는 것이었다.

이와 같은 王室과 관련된 禮論은 그 전에도 있었다. 王室에서 발생하는 모든 경우가 禮書에 정리되어 있는 것이 아니었기 때문에 그러한 상황이 발생하면 조정에서는 조정의 대신과 재야의 학자들에게 물어서 결정하고는 하였다. 대개의 경우 무난히 합의가 도출되기도 하였으나, 그렇지 않고 사안에 따라서는 정쟁화되기도 하였는데 그 대표적인 경우가 仁祖朝에 있었던 '定遠君 追崇是非'였다. 즉 反正으로 왕위에 오른 仁祖의 生父인 定遠君의 칭호가 문제되었던 것이다.

反正 직후 定遠君의 祠堂 告廟에서 사용할 칭호에서부터 야기된 이 논쟁은 자신의 왕위를 정당화하려는 仁祖에 의해 주도되었다.29)

---

28) 『백호전서』 8권, 「擬辭大司憲兼陳所懷疏」. '且斬衰之說 非無稽義起之說也 乃周公孔子之所定 見於周禮禮記 及先儒之說 及歷大帝王家所行 班班可考者 不啻明白 又況 朝典五禮儀之所載 章章明甚 乃 國家統緒之所由明 紀綱之所由立也 議者不深原其故 而但以匹庶家親屬之例爲言 豈不陋哉 若只以親屬言之 則帝王家相傳受 非必父子 非必祖孫 亦有以疏屬無服而入承者 假令以緦功而入承 以無服而入承 則爲母后者 獨可緦功 獨可無服於天下一國縞素之日乎 此必無之理 必不可行之說也'.

10여 년간 계속된 이 논쟁에서 金長生은 '祖統直承論'을 제기하여
帝王家의 종통은 특수하기 때문에 士大夫家와는 달리 祖父의 宗統
을 직접 계승할 수 있다고 주장하였다. 즉 帝王家는 大統을 잇는
것을 중시하기 때문에 孫子가 祖父를 계승하는 것이 합당하다고
주장하였던 것이다. 이는 제왕의 특수한 예를 인정한 것이라 할 수
있다.30)

金長生의 祖統直承論에 대해 조정의 대부분의 관료들이 의견을
같이하였다.31) 그러나 朴知誡는 帝王家라 하더라도 位가 없는 宗統
은 있을 수 없다며, 追崇하여 宣祖와 仁祖 사이의 世系를 바르게
해야 한다는 '禰廟中繼說'을 주장하였다.32) 인조의 집요한 노력과
박지계 등을 비롯한 일부 공신의 추진으로 정원군은 원종으로 추숭
되었던 것이다.33)

王室의 특수성을 강조한 측면에서는 김장생과 윤휴의 입장은 서
로 통하는 면이 있다. 그러나 김장생의 경우 王家의 특수성을 강조
하였다면 윤휴는 王者의 至尊性을 강조하였다고 생각한다. 윤휴는
王家의 모든 禮를 특수하게 다루어야 한다고 생각하지는 않은 것
같다. 윤휴의 논의는 늘 왕위를 계승한 王者의 종통성과 관련되어
있으며, 최고 통치자인 帝王에 대한 예우를 특수하게 해야 한다고

---

29) 인조 재위 2년 9월에 이의길의 상소로 시작된 대원군 추숭하자는 논의는 그해 10
월부터 본격적으로 거론되었다.『인조실록』2년 9월 13일 계해조; 10월 23일 갑
진조.
30)『沙溪全書』21권, 典禮問答.
31) 대원군을 추숭하자는 상소가 올라오자, 당시 조정대신들은 대부분 반대하는 입장
이었다. 영의정 윤방, 좌의정 이정귀, 우의정 김상용뿐만 아니라 사간원과 홍문관
관리들도 반대하였다. 그리하여 예조에서는 대신과 대간의 인피 때문에 추숭을 거
행할 수 없다고 아뢸 정도였던 것이다.『인조실록』10년 2월 12일 경진조; 동년 동
월 13일 신사조; 동년 동월 15일 계미조.
32) 이영춘,『조선후기 왕위계승 연구』, 집문당, 1998, 149쪽.
33)『인조실록』10년 3월 13일 경술조; 3월 30일 정묘조.

주장하였던 것이다. 때문에 윤휴는 현종 대왕의 喪에 있어서도 자의 대비가 손자에 해당하는 기년복이 아니라, 현종이 至尊의 왕위에 있었던 것을 감안하여 斬衰三年服을 입어야 한다고 주장하였다.[34]

결국 윤휴는 왕의 喪事에는 모두 斬衰三年服을 적용해야 한다고 주장한 것이다. 이것은 王者로서의 절대적 권위를 인정한 것이라고 볼 수 있다. 王者의 혈연관계를 전혀 고려하지 않고 절대적 존재로서 왕자의 지위를 강조한 윤휴의 이 같은 주장은 혈연관계를 부정하고 모후까지도 신하로서 폄하하여 그 위신을 훼손시켰다는 비판을 받게 되었다.[35]

이렇듯 至尊한 統治者로서의 帝王의 지위를 확립하고자 한 윤휴의 견해는 그가 출사한 후에도 계속되었다. 그 가운데 문제가 되었던 것은 숙종의 어머니인 慈殿과 관련하여 숙종에게 발언한 '照管'에 관한 논쟁이었다.

---

34) 『숙종실록』 원년 2월 13일 신축조; 『백호전서』 6권, 「論服制疏」, '孝宗大王之喪 大王大妃之服 亦宜在斬衰三年之科 今 顯宗大王之喪 大王大妃之服 亦宜在斬衰三年之科 諸公主出家者之服 亦同是科 孝宗大王之服 旣往者不可追 諸公主之服已誤者 間旣正之 惟大王大妃之於顯宗大王之服 尙未盡正 蓋顯宗大王之於大王大妃 雖若在孫服朞年之例 而旣居君位而履至尊 則當服斬衰三年之服 不宜降在齊衰 與士大夫比也'.
35) 『숙종실록』 5년 3월 12일 정미조.

1) 尹鑴의 '慈聖照管' 발언

윤휴가 정계에 진출한 것은 숙종 원년(1675)이었다. 그는 정계에 진출한 후 당시 조정에서 행해지던 慣行들에 이의를 제기하여 논란을 일으키기도 하였다.[36] '慈聖照管' 발언은 그러한 대표적인 논쟁 중에 하나였다.[37] 이 발언은 훗날 남인이 경신환국으로 실각하게 되었을 때[38] 윤휴의 죄를 논하는 데 꼽힐 만큼 중요한 문제로 여겨졌다.[39]

이 사건의 발단은 당시 慈聖의 아버지였던 金祐明이 福昌君과 福平君의 失行에 대해 상소한 일이었다. 김우명은 복평군과 복창군이 禁中을 출입하면서 나인들과 私通하여 자식까지 두게 된 일에 대해 상소하였던 것이다.[40] 事案이 宗室과 관계된 것이었기 때문에 許

---

36) 한번은 윤휴가 좌의정 권대운과 함께 表箋을 査對하는 일을 하였을 때, 일을 마치고 좌의정인 권대운이 자신에게 拜禮를 행하고 나갈 것을 청하였다. 그러나 윤휴는 三公이 앉아서 받는 것은 임금과 비등하게 높이는 혐의가 있을 뿐 아니라 지나치게 공경하고 윗사람에게 아첨하는 수치가 있게 되는 것으로 禮에 어긋난다고 하여 거절하였다. 그러나 권대운은 삼공이 앉아서 (절을) 받는 것도 朝廷의 慣行이므로 갑자기 변경할 수 없는 것이라고 논박하였다. 그러나 윤휴는 끝내 거부하였고 좌의정 권대운은 이 일로 계사를 올려 조정에서 논의된 적이 있었다.『백호전서』 10권 「辭職箚(十一月初五日)」, '臣竊伏惟念凡行禮之道 有稽古之事 有準法之事 臣不之六卿進拜三公 而三公坐受之不答 於古禮何稽 於今法何準 我國典隔等拜揖不答之禮 亦非施之於堂上官者 非今法非古禮 而欲只憑流行之謬例 必欲膠守之無變 臣未知此等禮意何如也'.
37)『숙종실록』 6년 4월 2일 신유조; 6년 4월 25일 갑신조.
38) 이희환,『朝鮮後期 黨爭 硏究』,「경신환국」, 국학자료원, 1995, 16－47쪽.
39)『黨議通略』,「庚申換局」, 63쪽.
40)『숙종실록』 원년 3월 12일 경오조. 김우명의 箚子에는 福昌君과 福平君이 나인과 교통하여 자식을 낳은 일에 대해 기록되어 있다. 이 일은 '紅袖의 변'으로 불렸다.

積・權大運 등은 眞僞를 가름하기 위해서 김우명과 대면하기를 요구하였으며, 숙종은 김우명을 牌招하였다.

그러나 김우명이 병을 핑계로 조정에 들지 않았고, 夜對聽에서 숙종과 대신들의 引見이 이루어졌다. 평소에는 왕이 南面을 하고 앉았으나 그날 밤에는 왕이 문을 사이에 두고 동쪽을 향하여 마루 밖에 앉아서 대신들을 맞이하였다. 평소와는 다른 상황에 대신들이 의아해하며 들어가 俯伏하였는데, 문 안쪽에서 婦人의 울음소리가 들려왔고 당황한 신하들이 동요하였다.

이에 숙종은 자신이 內間의 일을 잘 모르기 때문에 慈聖께서 직접 福平君 형제의 일을 말하려고 나오셨다고 해명하였다. 당시 배석한 권대운은 慈聖의 비상한 거동에 자신들은 입시하지 말아야겠다고 하였다. 그러나 허적은 '자전께서 하교하시려는 일이라면 신들이 진실로 들어야 마땅한 것'이라고 말하며 자전을 진정시킬 것을 부탁하였다. 그리하여 자전은 그간의 정황에 대해 설명하였다.[41] 자전은 자신의 부친인 김우명이 곤란한 지경에 빠지자, 대신들 앞에 직접 나서서 사건의 전말에 대하여 말하고자 하였던 것이다.

이 일이 있은 후 윤휴는 숙종과 대면한 자리에서 慈殿의 급작스런 거동에 대하여 다음과 같이 아뢰었다.

> '또 듣건대, 자성께서 나오시고 뭇 신하가 입시하였다 합니다. 신이 엎드려 생각하건대, 조정은 禮法이 달려 있는 곳이므로 임금의 거조는 뭇 신하들이 우러르는 바요 후세가 본받는 바이니 자성께서 親臨하시고자 하면 먼저 조정에 분부를 내려야 할 것입니다. 뭇 신하가 전혀 모르고 있다가 입시한 뒤에 허둥지둥 어쩔 줄 몰랐으니, 전하께서 여기에

같은 해 3월 13일 신미조; 3월 15일 계유조 참고.
41) 『숙종실록』 원년 3월 14일 임신조.

대하여 처리하지 못하신 것이 있는 듯합니다. 이것은 국조 3백 년 이래로 없던 일입니다. ……이 일에 관계되는 것이 작지 않습니다. 전하께서 이 뜻을 아시고, 자전께 아뢰어 삼가서 뒤의 경계로 삼으시기를 바라는 것입니다.'42)

요컨대 자성께서 조정에 들 일이 있으면 미리 분부하여 준비할 수 있도록 해야 함에도 불구하고 아무런 사전 예고 없이 거동한 것은 朝廷의 禮를 무너뜨린 것이므로, 차후로는 그러한 일이 없도록 자성을 '照管'할 것을 요청하였던 것이다.

윤휴의 발언에 대하여 서인 김수항은 적극적으로 반격하였다. 김수항은 義理가 밝지 못하여 신하 가운데 慈聖의 動靜을 照管하기를 권하는 자까지 있게 되었다면서 강하게 반발하였다. 그는 '閭巷의 사람도 匹敵하는 사이라 하더라도 부모의 잘못을 그 아들에게 배척하지 못하는 것인데, 慈聖의 허물을 전하의 앞에서 지적한 것은 紀綱을 어지럽히는 것이라고 강력하게 항의하였던 것이다.43)

당시 김수항을 비롯한 서인은 윤휴가 사용한 照管이라는 표현을 문제 삼았다. 서인은 照管이라는 표현을 團束, 管束 등의 의미로 받아들여 아들로 하여금 부모의 행동을 규제하게 하는 것이라며 반발하였던 것이다.

그러자 윤휴는 상소를 올려 자신이 말한 '慈聖照管' 발언의 근거를 설명하였다. 그는 『易經』의 '幹父之蠱 幹母之蠱'을 빌려 '자식 된 자가 부모의 일이 人心에 있어서 바르지 않거나 능히 이루어지지 못하거나 마땅하지 않은 일이 있다면 愛敬하는 마음으로 다스리고 경계하는 것이 지극한 愛敬이며 忠順의 큰 道理라고 주장하였다.'44)

---

42) 『숙종실록』 원년 3월 17일 을해조.
43) 『숙종실록』 원년 7월 12일 무술조.

사실 照管이라는 표현은 윤휴가 처음 사용한 것이 아니었다. 『宋朝名臣言行錄』에 '陛下는 太后를 照管하고, 太后는 陛下를 照管한다'라는 구절이 기재되어 있으므로 母子의 사이에서도 사용할 수 있는 표현이었다. 윤휴는 옛말을 인용하여 상소하였던 것이다.[45]

그러나 윤휴의 발언은 어린 왕으로 하여금 모후를 배척하라는 것으로 확대 해석되어, 소위 '臣母說'이라는 비판을 받게 되었던 것이다. 서인이 윤휴의 '慈聖照管' 발언에 대하여 그렇게 반발하였던 것은 그 발언이 당시 정국운영과 관련되었기 때문이었다.

2) 王權의 至尊性과 母后의 政治參與問題

갑인년의 복제를 논의하는 과정에서 현종은 기해년의 복제가 효종은 물론이거니와 자신의 종통성과도 관련되어 있음을 간파하고, 왕권을 능멸한 서인을 제압하기 위한 조치로서 남인계 허적을 영의정에 임명하였다.[46] 남인 영의정의 출현은 정국의 주도권이 남인에게 넘어올 가능성을 시사하는 것이었다. 그런데 허적의 入朝를 기다리던 현종이 사망하였고,[47] 남인과 서인이 대립하는 가운데 현종의 유지에 의해 남인정권이 형성되었다. 어렵게 정국의 주도권을 장악한 남인은 이를 지속적으로 유지하고자 하였다.

---

44) 『백호전서』 6권, 「引嫌辭職疏」, '臣請就大臣之所以爲言者而自陳焉 照管之說 臣固有之 易曰幹父之蠱 又曰幹母之蠱 傳曰蠱者事也 幹者 治也飭也 謂之幹 如木之幹 枝葉之所附而立者也 蓋爲人子而父母之事 有未盡政未克濟未允於人心者 非愛敬之至 克家之子 孰能治之飭之 幹而立之也哉 此固愛敬之至 忠順之大道也'.

45) 『숙종실록』 6년 3월 30일 기미조.

46) 우인수, 「조선 현종대 정국의 동향과 산림의 역할」, 『조선사연구』 1집, 북현조선사연구회, 1992, 128−133쪽.

47) 『현종실록』 15년 8월 15일 병오조; 8월 16일 정미조; 8월 17일 무신조.

그러나 숙종이 14세의 나이로 왕위에 오르고 서인계 母后가 남
인을 견제하고 있는 상황에서 남인의 정국운영은 그렇게 수월하지
가 않았다. 더욱이 모후는 숙종이 즉위한 직후부터 어린 왕의 行步
에 많은 관심을 나타냈다. 그는 숙종에게 현종의 新陵에 展謁하라
는 신하들의 요청을 거부하도록 하였고,48) 재해가 계속되자 숙종이
몸소 기우제를 지내야 된다는 의론에도 관여하여 그 결정에 영향을
미쳤다.49) 윤휴는 현종의 反虞 때에 숙종의 행차 여부를 두고 자전
과 의견이 대립된 적이 있었는데, 결국 자전의 뜻대로 숙종의 행차
가 무산되었다.50)

　당시 자전은 남인이 정국을 주도하면서 기존 서인세력을 驅逐하
는 것을 탐탁지 않게 여기고 있었다.51) 때문에 남인은 자전이 나라
의 일에 간여하는 것에 대해 적잖은 우려를 하였다. 윤휴 역시도
숙종이 자전의 言旨에 영향을 받는 것을 경계하였다. 그리하여 윤
휴는 숙종에게 조정의 일에 대해서는 자전의 하교를 따를 만한 것
은 따르고 받들 수 없는 것은 받들지 않아야 한다고 충고하였던 것
이다.52) 즉 조정과 관련된 사안에 대해서는 자전의 말씀에 무조건
복종할 수 없다고 주장하였다.

　윤휴는 기본적으로 '婦人에게는 專制하는 의리가 없고 三從의 道

---

48) 『숙종실록』 원년 3월 15일 계유조.
49) 『숙종실록』 원년 4월 25일 계축조.
50) 『숙종실록』 원년 12월 12일 신축조.
51) 『숙종실록』 원년 4월 10일 무술조의 사신의 평가에는 당시 남인(南人)들이 직면한
　　10가지의 어려움에 대해 언급하고 있는데 '자전(慈殿)의 뜻을 돌리기 어렵다'는 것
　　을 첫 번째로 꼽고 있는 것으로 보아 자전이 일정 정도 정치적 영향력을 행사하고
　　있었음을 알 수 있다.
52) 『백호전서』 13권, 「經筵講說」, '臣曰若以朝廷之事言之 則殿下於慈教 可遵者遵之
　　不可奉承者 宜不可奉承 人子之道 當奉承而奉承 固孝也 其不可奉承而不能奉承 亦
　　孝也'.

理가 있을 뿐'이라고 생각하였다. 때문에 국왕이 조정의 政事에 있어서는 자전의 분부를 따를 수 없는 것53)이며, 이는 비록 자전이라 할지라도 그 권위를 빌려 조정의 일에 개입할 수 없음을 말한 것이다. 윤휴는 조정에서 논의될 사안에 대하여 자전이 예고 없이 거동한 것을 정치개입으로 간주하였던 것이며, 그것이 모후의 垂簾聽政으로 이어지는 것을 경계하였던 것으로 보인다. 그는 다음과 같이 말하고 있다.

'모후의 垂簾은 한나라, 당나라 이후에 있었던 일로 신은 그 일이 어떠한 것인지 알 수 없습니다만 前世에 행한 사람이 있습니다. 그저께의 일에 이르러서는 뭇 신하들이 갑작스럽게 (자전을) 만나가 되어서 황당하고 당혹스러우며 법도를 잃어 朝廷의 體貌를 이루지 못하였습니다. 대신과 삼사에서 달려가 엎드려 대답만 할 줄 알았지 바름을 담아낼 줄은 알지 못하였으니 무슨 일입니까? ……이후로는 전하께서 의당 자전을 조관하심에 유념하시어 잘못된 거동이 없게 하소서. 이는 人子의 事親과 愛敬의 도리이며 帝王의 큰 효도입니다.'54)

윤휴는 조정에 예고 없이 든 자전의 거조를 母后의 垂簾과 연결하여 이해하였던 것이다. 숙종은 14세의 나이에 왕위에 오른 幼主였기 때문에 주변에 있는 인물들에게 영향을 받을 가능성이 많았을 것이다. 그 가운데 모후는 결정적으로 영향을 미칠 만한 위치에 있는 존재였으므로, 모후에 의해 정치가 좌지우지될 상황을 미연에

---

53) 『백호전서』 13권, 「경연강설」, '三月十四日請對入侍……夫人無專制之義 有三從之道 若於朝廷政事之間 殿下有不能一遵 慈殿之敎'.

54) 『백호전서』 13권, 「경연강설」, '臣又曰母后垂簾 自漢唐以後有之 臣未知其事之如何 而前世固有行之者 至於再昨之事 君臣卒然愚之 惶惑失道 不成朝廷體貌 大臣三司 唯知趨俯唯諾 而不知捄正 此何事也……自此以後 慈殿之所未及照管者 殿下宜留意 照管之 勿使有過擧 此人子事親誠敬之道 帝王之孝也'.

방지할 필요가 있었을 것이다.

윤휴는 모후의 垂簾聽政을 常道에 위배되는 일로 생각하였다. 前代에 우연히 행해졌던 일이 당시에 일어나게 되는 것을 우려하였다.[55] 그는 모후가 天子를 대신하여 정국을 운영하는 것은 부당한 것이며, 아무리 어린 왕이라 할지라도 왕은 충성스럽고 현명한 재상을 두어 그와 협력하여 정국을 이끌어가야 한다고 여겼다.[56]

윤휴는 모후뿐만이 아니라 여성의 정치참여를 부정적으로 인식하였다. 그는 여자와 소인배를 같은 부류로 파악하여[57] '암탉이 새벽에 울도록 내버려두면' 대사를 그르치게 되므로[58] 모후라 할지라도 여성이 정치에 개입하여 국기를 문란시켜서는 안 된다고 생각하였다.

더욱이 모후의 정치개입은 외척의 세력확장으로 이어질 소지가 다분하였다. 당시 국혼은 대다수 서인 가계와 이루어지고 있었기 때문에 외척의 상당수는 서인들이었으며, 慈殿 또한 서인 김우명의 딸이었다.[59] 자성이 개입하게 된 김우명의 상소만 해도 남인과 밀

---

55) 『백호전서』 27권, 「만필」(하), '事之反常者 前代適行之 後世則遂視爲故事 而不覺其非 如母后臨朝 秦風也 而漢氏踵之'.
56) 『백호전서』 27권, 「만필」(하), '然母后不可制者 正以有稱制之事也 若國無稱制之法 內有當家之主 而得忠賢居大臣之位 豈不足以翊戴幼主 而且以防閨閫之橫迭洪也……直不可使之擅國臨朝 而得使姦臣 更憑之爲城社耳'.
57) 『백호전서』 29권, 「공고직장도설(중)」, '歷代女子小人之奸情慝態 以或主心 奇讒巧誣 以罔上聽'.
58) 『백호전서』 29권, 「공고직장도설(中)」, '歷代之不戒牝鷄晨鳴之禍 傾情妖麗 謀及婦人 以誤大事'.
59) 서인은 인조반정 후 國婚을 잃지 않을 것을 맹세하였는데, 國婚은 외척세력을 만들어내는 것을 의미하는 것이었다. 실제로 당시만 해도 현종의 國舅는 金祐明이었고 숙종의 國舅는 金萬基였으며, 숙종의 후비인 인현왕후의 아버지도 閔維重, 모두 서인이었다. 黨爭의 영향도 있었겠지만 서인 중심의 몇몇 가문이 왕실과 연계하면서 삼정승의 지위마저 독점하는 경향이 나타나고 있었던 것이다. 이러한 정치현실을 염두에 둘 때 남인이 慈聖을 비롯한 친서인계 척신세력의 정치개입을 견제하려고 했던 것은 이해할 만하다. 『黨議通略』, 「서인의 분열」, 41쪽; 『肅宗實錄』 원년 윤 5월 24일 신해조; 박병련, 「조선조 유교통치이념과 정책결정 엘리트에 관한 소고」,

접히 연관되어 있는 복창군과 복평군을 견제하려는 의도와 관련이 있었다.60) 그러므로 자성조관 발언은 서인의 정치적 기반의 일부인 외척세력과도 관련되어 있는 예민한 사안이었던 것이다.61)

때문에 서인은 윤휴의 발언을 심각하게 인식하였다. 송시열은 그의 遺訓 가운데 黑水(尹鑴)가 아들이 왕이 되면 어머니도 신하로 삼을 수 있다고 하여 왕비를 모해하려 했다고 쓰고 있을 정도로 이 문제를 심각하게 받아들였다.62) 이 일을 기록한 사신도 '윤휴가 도리어 자성의 동정을 관속하라고 청한 바는 그 말이 패역한 것은 많이 말할 필요가 없다'고63) 하여, 논할 필요조차 없는 일로 힐난하고 있다. 서인은 윤휴의 '慈聖 照管 發言'을 어머니조차 신하로 삼게 한 '臣母說'이라 하여 크게 반발하였던 것이다.64) 서인들은 비록 왕이라 할지라도 모후와의 관계를 우선시함으로써 왕을 모후의 영향력 아래 두고자 하였던 것이다.

그러나 외척이 국정에 개입하여 좋은 결과가 나온 적이 없다고 생각하였던 윤휴로서는 서인 외척세력의 발판이 될 자전의 정치개입을 달가워하지 않았다. 더욱이 여성인 모후가 왕과의 혈연관계를

『정신문화연구』 13권 2호, 1990, 135쪽 참조.
60) 자성조관 발언의 발단이 되었던 '홍수의 변'과 관련된 복평군·복창군과 남인계 오정위는 외숙질 사이였다. 『숙종실록』 원년 3월 12일 경오조.
61) 이 사건은 본래 慈聖이 政事에 개입하는 것이 옳지 않다는 것에서 시작하여 자성을 조관하라는 발언이 옳은가 그른가의 문제로 그 초점이 옮겨졌다. 이렇게 된 데에는 서인이 의도적이었을 혐의가 짙다.
62) 李樹鳳, 「우암선생의 유훈과 그 의미」, 『우암사상연구논총』, 사문학회, 1992, 353쪽 －362쪽.
63) 『숙종실록』 원년 4월 1일 기축조.
64) 이 같은 尹鑴의 발언에 대해 서인은 자전의 개입으로 복창군과 복평군이 귀양 가게 되고 남인의 세력이 꺾인 것에 대한 분함으로 임금에게 '慈聖의 動靜을 마땅히 管束하여 이와 같은 擧措가 없게 해야 할 것'이라고 아뢴 것이라고 생각하였다. 『숙종실록』 원년 4월 1일 기축조 참조.

빌미로 국정에 개입하고자 하는 것은 至尊의 왕권을 무시하는 처사였으며, 그것을 바로잡지 않고서는 王者之禮가 확립될 수 없다고 생각하였던 것이다.

모후와 외척의 정치개입을 몹시 우려하였던 윤휴는 출사 직후 숙종에게 올린 책자에서 그와 같은 사례를 장황하게 기록하여 여성－왕의 어머니 등의 정치개입이 가져올 파국에 관해서 경계를 삼도록 적극적으로 지도하였던 것이다.65)

윤휴는 이 같은 '王者之禮'의 확립은 先王의 禮治가 이루어지느냐의 문제와 결부된 매우 중대한 문제로 생각하였다. 그는 '禮란 정사를 다스리고 임금을 편안하게 하는 것이며, 上下를 구분하고 백성들의 뜻을 안정시키는 것이므로 그 일이 미세하고 그 기미가 은미한 것이라도 정사의 치란과 나라의 안위가 달려 있는 것66)이므로 철저하게 다루어야 한다고 생각하였던 것이다.

3. 帝王 중심의 三代政治의 구현

1) 幼主의 왕위계승과 帝王學의 강조

앞서 살펴보았듯이 윤휴는 제왕을 至尊한 존재로 생각하여 服制

---

65) 『백호전서』 29권, 「공고직장도설(중)」, '無經於百官 若歷代之外戚任事 威福下移 凶于家國……右並自托肺腑 疾害忠能 憑恃奧援 癏廢天工 貽禍宗社 自玆以來 與亂同事者 覆亡之報 如出一轍'.
66) 『백호전서』 7권 「論服制疏」, '禮者 所以治政安君也 所以償鬼神考禮度別嫌疑明是非也 所以辨上下定民志也 其事雖細 其幾雖微 而政之治亂邦之安危係焉 可以不兢兢乎哉'.

에 있어서도 親屬 여부에 관계없이 천하백성이 모두 斬衰三年服을 입어야 한다고 주장하였다. 또한 왕이 어리다 하더라도 지존한 왕권은 오직 왕에 의해서만 행사되어야 한다고 생각하였다. 그러나 이것은 제왕의 독단적인 권력을 허용한 것은 아니었다. 오히려 제왕은 지존한 권력을 합당하게 행사하는 聖君이 되도록 끊임없이 교육을 받아야 했다.67)

윤휴는 어린 나이에 왕위에 오른 숙종 역시 聖君으로 성장하여 聖賢의 가르침에 합당한 정치를 하기를 열망하였다. 그리하여 그는 「公孤職掌圖說」68)이라는 왕을 포함한 통치계급의 직분에 대한 글을 올렸다. 왕에게 올릴 목적으로 쓰인 「공고직장도설」은 『書經』의 「周官」편과 『史記』 등을 참고로 왕이 三代의 정치구조를 익히고 중국의 역대 왕들의 역사로부터 교훈을 얻도록 자료를 편찬하여 해설한 책이다.

서두에 「周官」편69)을 조목조목 주해한 다음에, 여러 경전에 흩어져 있는 '公孤의 職掌'에 대한 부분을 모아 그에 대한 해설을 쓰고 있다. 그리고 '三公三孤圖' '三公과 三孤의 分職' '先聖王의 德' '軍民畜民之道' '理義之正' '應事之理' '古之典傳' '威儀之數' '詩書禮樂之經'과 '學業之法'으로 다시 세분하고 있다.

그는 먼저 三皇五帝와 堯舜禹시대에 天子를 보필하였던 三公과

---

67) 군주에 대한 聖學 교육은 인조반정 이후 강화되었다. 이기순, 「17세기 중반 性理學的 政治思想의 변용」, 『홍익사학』 4, 홍익대 사학회, 1990 참고.

68) 『백호전서』 28권, 「公孤職掌圖說(상·중·하)」. 「공고직장도설」은 '公孤'는 '三公'과 '三孤'를 가르치는 말이다. 三公은 '太師' '太傅' '太保'를 이르고, 三孤는 '少師' '少傅' '少保'를 이르는 말로 모두 왕을 보필하는 관원을 가리키는 것이다.

69) 「公孤職掌圖說」은 『書經』의 周官을 필두로 시작하고 있다. 이 편은 主公이 文王과 武王에게 命을 받아 7년 동안 온 힘을 다해 다스린 뒤에 성왕에게 정권을 돌려주자 성왕이 신하들 앞에서 六典을 반포하면서 훈계한 내용이다.

三孤의 職任에 대하여 기술하였다. 三公은 道를 논하고 나라를 경륜하는 직임을 맡은 자들로 太師·太傅·太保가 있다. 오직 적임자만을 뽑아야 하는 직책으로 합당한 자가 없을 경우에는 반드시 그 관원을 반드시 갖출 필요가 없다고 하였다. 三孤는 三公을 보좌하고 교화를 널리 펴는 직책을 맡은 자들로 少師·少傅·少保가 있다. 이들 三公과 三孤에게는 각각의 職任이 있어, 天子가 그 역할을 제대로 하지 못하였을 때 천자를 바로잡아 줄 책임이 있었다.

예를 들면 太師는 天子가 先聖王의 德을 깨우치지 못하거나, 나라를 다스리고 백성을 기르는 道를 알지 못할 경우에 천자를 가르쳐서 바로잡아야 하며, 太傅는 天子가 부모의 은혜를 갚지 않거나, 친척과 화목하게 지내지 못하면 바로잡아야 하고, 太保는 천자가 단정하지 못하고 배운 바를 공경하지 않거나 禮法대로 처신하지 않으면 바로잡는 일을 해야 했던 것이다.

小師·小傅·小保에게도 각각의 직임이 있는데, 천자가 학문을 게을리하며 배운 바를 어긴다든가, 천자가 거처와 출입에 예법대로 하지 않는다거나, 한밤중에 사람을 물리치고서 자주 여색을 가까이 하는 일 등을 바로잡는 일이었다.

이 외에도 三公과 三孤의 직임에 대하여 나열하고 있는데, 이것은 단순히 三公과 三孤의 직임에 대하여 정리한 것이라기보다는 天子가 지켜야 하는 구체적인 德目에 관하여 간접적으로 지적하고 있는 것이라고 할 수 있다. 그 德目의 輕重에 따라 職任이 다를 뿐이지, 모두가 王者가 지켜야 하는 유교적 倫理道德이었던 것이다. 이는 곧 天子는 완성된 존재가 아니라 三公과 三孤와 같은 현명한 재상들에 의해서 끊임없이 가르침을 받아야 하는 존재라는 점을 암시하는 것이고, 숙종 역시도 聖王이 되도록 노력을 아끼지 않아야 한다는 뜻이었다.

윤휴는 「公孤職掌圖說(中)」편에서 중국의 역사적 사건을 중심으로 더욱 구체적으로 통치자로서 국왕이 갖추어야 하는 덕목에 대하여 설명하였다. 이 편에서는 '세상을 시끄럽게 만든, 그리하여 경계의 대상이 되는 왕들', 즉 歷代 不德悖逆한 君主들의 행적에 대해 기술하고 있다. 그는 王者로서의 도리를 다하지 못한 왕들의 행적을 『史記』와 『通鑑』·『詩經』·『書經』 등에서 발췌하여 33항목으로 나누어 기록하고 있다.

윤휴가 첫 번째로 뽑은 것은 '부모에 대한 은의가 없는 왕'이었다. 그는 성인들께서도 생명의 근원인 부모의 은혜를 저버린 자를 3천 가지 죄목 가운데서 가장 큰 죄로 꼽았다고 하면서, 경중의 차이는 있지만 天地의 紀綱을 무너뜨리고 亂亡의 전철을 밟은 행위를 기록하여 왕이 경계를 삼기를 부탁하고 있다.[70] 이 외에도 친척과 화목하지 못한 왕,[71] 백성을 돌보지 않은 왕,[72] 大臣에게 無禮하게 행동한 왕,[73] 형옥을 맞지 않게 쓴 왕[74]에 대해 쓰고 있다.

---

70) 『백호전서』 29권, 「공고직장도설(중)」, '無恩於父母……臣按天地者 物之始也 父母者 生之本也 其或無恩者 聖人所謂悖德悖禮而罪首三千者也 歷代君人者之於此 雖事有輕重 情有淺深 而皆足以天地之大紀 而蹈亂亡之覆轍者也'.

71) 『백호전서』 29권, 「공고직장도설(中)」, '不姻于親戚……臣按親戚天屬也 猶技葉之於本根也 堯之光于四表 協和萬邦 亦由親九族 而推之也 其或無恩義於此者 是自剪其枝葉 以傷其根本也'.

72) 『백호전서』 29권, 「공고직장도설(중)」, '不惠於黎民……臣按黎庶者 邦本也 實天之赤子 而吾之同胞也 古人之所以視之如傷 保之若子 固因心而惠之 非加意而爲之也 其所疾怨喜悅 而天爲之感動 故曰國之將興也 視民如子 國之將亡也 視民如草芥 歷代之禍福興亡 亦考諸此 而可知也'.

73) 『백호전서』 29권, 「공고직장도설(중)」, '無禮於大臣……臣按大臣者 人主之股肱也 苟其人也 敬之信之 可也 非其人 則廢之誅之 亦可也 以其人居是位 而不盡禮 賢者固不處也 非其人居是位 而過爲之禮 亦致亂之道也'.

74) 『백호전서』 29권, 「공고직장도설(중)」, '不中於刑獄……信按刑獄者 民命之攸寄 王政之大事也 而其曰中者 又王者所以悉其聰明 致其忠愛 以得其衷者也 不及則紀綱

특히 윤휴는 군사 문제에 소홀하였던 왕들과[75] 외척과 여성이
정치에 개입하도록 방임하여 왕의 권위를 떨어뜨리고 나라를 망하
게 한 왕들에 대해[76] 많은 분량을 할애하여 설명하고 있다. 그는
군사제도를 매우 중요한 것으로 생각하였다. 군사제도는 성인이 不
仁한 자를 토벌하고, 죄 없는 자를 구제함으로써 禍亂을 미연에 방
지하고 이 세상을 안정되게 하기 위해 만든 제도[77]라고 생각하였던
것이다. 때문에 군사문제를 소홀히 하여 국가가 危難의 지경에 이
르고 오랑캐로 하여금 중원을 차지하도록 만든 역대 중국의 왕들의
행적을 세세하게 기록하여 경계를 삼도록 하였다.[78]

그는 三代帝王들의 治德과 不德悖逆한 군주들의 행적을 기술하
면서 자신이 일일이 기록할 수 없는 내용에 대해서는 그 근거를 밝
혀주어 왕이 읽다가 잘 모르는 부분이 나오면 바로 확인할 수 있도
록 하였다. 자신이 배석하지 못하였을 경우 어린 왕이 쉽게 학습할
수 있도록 배려한 것이라고 생각된다. 윤휴는 至尊의 존재인 왕이
역사적 사건과 인물들로부터 배워 그 과오를 되풀이하지 않고, 聖
王들의 가르침만을 따르기를 바랐던 것이다.

秦 而姦軌不戢矣 過之則德義不行 而無辜含冤矣'.
75) 『백호전서』 29권, 「공고직장도설(중)」, '不戒於戎事・自王道不競 與夷狄和親 旣中
國受侮 而卒致忘戰之禍・自巡守狩禮廢 武功不擧 而事變橫起 國命屢遷・歷代之窮
兵黷武 不思省躬 以致不戢自焚之禍・歷代之與敵爭衡 不能正名聲罪 自蹙形勢 以
取乘凌之患・歷代之置師 不能取說禮樂敦詩書 而任用武人 寄以國命 在內則簒 在
外則叛 應敵則亡・歷代之專授兵柄 以致太阿之倒持'.
76) 『백호전서』 29권, 「공고직장도설(중)」, '歷代女子小人之奸情慝態 以惑主心 奇讒巧
誣 以罔上聽 而主不覺悟 輕信遽疑 以亂其德・歷代之黜正登嬖 廢嫡立庶 以敗家法
而稽及宗社・歷代之不戒牝鷄晨鳴之禍 傾情妖麗 謀及婦人 以誤大事'.
77) 『백호전서』 29권, 「공고직장도설(중)」, '臣按戒者 國之大事 聖人之所以誅不仁救無
辜 以戡禍亂定斯世者也'.
78) 이것은 윤휴의 출사명분이기도 하였던 북벌론과 그를 실천하기 위한 현실적인 대
책을 마련하고자 고심하였던 자신의 의중이 개입된 것이라고 할 수 있다.

또한 윤휴는 제왕은 꾸준히 학문을 해야 한다는 점을 강조하였다. 그는 『中庸』과 『禮記』의 學記편에서 인용한 글에서 군자의 道는 학문을 통해서만 이룰 수 있는 것임을 강조하면서 학문을 쌓아 덕을 이룬 후에야 성인의 마음을 가지게 될 것이라고 다음과 같이 강조하고 있다.

> '사람에게 학문이 없는 것은 不可한 것입니다. 하찮은 技藝도 배움 없이는 안 되는 것이고 匹夫에게도 그러한 것인데 하물며 제왕이겠습니까!'[79]

윤휴는 제왕은 그냥 되는 것이 아니라 반드시 학문을 통해서 이루어지는 것임을 거듭 강조하였고 자신이 섬기는 왕이 삼대의 제왕과 같은 존재가 되어 주기를 진심으로 바랐던 것이라고 생각된다. 때문에 그는 자신이 해야 하는 가장 급한 책무로서 '君主를 堯·舜으로 만드는 것이고 숙종을 천하의 모범이 되게 하는 것'이라고 하였다.[80] 윤휴는 왕이 '큰 뜻을 세워 학문에 힘쓰고 보필하는 신하들의 도움을 받고 스스로 못난 인물이라고 여기지 말고 邪說에 의혹되지 말고 천명을 잇고 世道를 부지하기를[81] 바랐던 것이다.

帝王은 하루도 거르지 않고 학문에 전념해야 된다고 생각한 윤휴는 전염병의 유행으로 경연을 잠시 정지시키자는 논의가 있자, '성상께서는 학문에 뜻을 두실 나이이니, 학문을 계속 밝히어 광명한 경지로 나아가게 해야 하므로' 하루라도 講學하시지 않을 수 없다

---

79) 『백호전서』 28권, 「學業之法」, '人不可以無學 曲藝尙爾 匹夫尙爾 況於帝王乎'.
80) 『백호전서』 5권, 「七疏(十二月十四日)」, '實如堯如舜如成湯如漢高矣……徒知愚臣致
　　君堯舜之爲急 聖上自盡孝思 爲天下則之爲大'.
81) 『백호전서』 8권, 「擬辭大司憲兼陳所懷疏」, '克立大志 加以學問 助以强輔 勿畫以自
　　小 無惑於邪說 以迓續天命 扶持世道焉'.

고 강력하게 주장하였다.82) 윤휴는 賓廳에 모일 때나 諸臣을 召對할 때도 신하를 接見할 수밖에 없는데, 유독 경연을 기피하는 것은 바람직하지 못한 처사라고 생각하였던 것이다.

윤휴는 끊임없는 학문을 통해 군주의 덕을 갖춘 제왕이 왕권을 제대로만 행사한다면 불가능한 일이 없다고 생각하였다. 그런데 제왕의 권력행사는 경영할 만한 재상과 더불어 해야 한다고 생각하였다. 즉 왕의 독단적인 권력행사가 아닌 재상의 도움을 받아야 했던 것이다.83) 특히 윤휴는 是非와 利害가 분명한 일은 (여러 신하의 견해에) 동요되지 말고 '한두 신하'와 함께 결단하여 시행해야 한다고 촉구하였다.84)

윤휴의 이 같은 생각은 그가 처한 상황으로 인해 더욱 확고해진 것으로 보인다. 그는 북벌대의를 명분으로 정계에 진출한 후, 그를 실현할 정책 입안에 주력하였다. 그러나 그의 제안은 명분적으로는 수용되었으나, 그 실현 여부에 대해서는 迂闊한 논의라고 하면서 거의 현실화되지 못하였다. 때문에 그는 왕이 판단하기에 명분에 합당하다면 한두 명의 대신과 더불어 일단 일을 추진해야 한다고 강력하게 주장하였던 것이다.

그리하여 그는 제왕이 성현의 도를 수행하기 위해서는 무엇보다도 현명한 재상의 협력이 중요하다는 점을 다음과 같이 지적하고 있다.

---

82) 『백호전서』 11권, 「請勿停講箚(正月十六日)」, '聖上年在志學 學宜有緝熙于光明 一日不講 關係甚大……世宗大王 日必四講 老而不倦 朝講有故則晝講 晝講有故則夕講 夕講有故則夜對 蓋無日之不講於學 無一念之不在於學也 其好學之甚 求道之誠 卓越前王 垂範後昆 至於如此 此豈非今日 聖上之所當抑法者乎'.

83) 『백호전서』 6권, 「論兵車疏(四月十三日)」, '然其是非之旣分 利害之旣明 亦宜裁自聖心 一二臣同斷而行之 確然不撓 期至於有成 此書所謂功崇惟志 業廣惟勤 惟克果斷 乃罔後艱者也'.

84) 『백호전서』 6권(Ⅱ-16, 20), 「貼黃」, '臣又聞之 謀之欲衆 決之欲獨 若臣言果契於聖心 唯聖上斷而行之 默而成之 不必賜批'.

'오늘날의 대신은 바로 옛날의 재상인 것입니다. 재상은 一人을 보좌하고 만백성을 다스리는 자로서 옛사람이 이른바, "위로 천자를 보좌하여 음양을 다스리고 사시를 순조롭게 하며 아래로 만물을 편안한 삶을 이루어 주고 밖으로 사방의 이적을 鎭撫하고, 안으로 백성들을 친애하여 따르게 하고 경대부 및 백관들로 하여금 각자 자기의 직무를 수행하게 한다고 했습니다.'[85]

윤휴는 '一人之下 萬人之上'의 재상을 강조하였던 것이다. 그는 국왕을 보필할 만한 인재를 등용하는 것을 매우 중대한 사안으로 여겼다. 그러나 당시 행해지고 있던 과거로는 그러한 인재를 구할 수 없다고 생각하여 과거제를 폐지하고 성현들이 인재를 구하던 방법을 복원해야 한다고 주장하였다.

2) '三代政治' 具現을 위한 制度改革

① 科擧制의 폐지

윤휴는 聖君과 賢相의 통치로 상징되는 삼대정치를 가장 이상적인 정치로 생각하였다. 그는 三代政治를 구현하기 위해서는 제왕의 역할도 중요하지만 잘못된 제도를 고쳐야 한다고 생각하였다. 그는 과거제, 간관제, 군현제의 실시로 인해 삼대의 정치가 더 이상 실현되지 않았다고 하였는데[86] 그중에서도 과거제도는 聖賢의 道를 펴

---

85) 『백호전서』 8권, 「擬疏」, '今之大臣 卽古之宰相也 宰相者 所以佐一人而宰萬物者也 古人所謂上佐天子 理陰陽順四時 下遂萬物之宜 外鎭撫四夷 內親附百姓 使卿大夫 百官 各得其職者也'.
86) 『백호전서』 27권, 「만필」(중), '科擧設而人才喪 諫官設而朝廷亂 郡縣設而天下搖 三弊不去 雖欲言治 皆苟而已矣'.

는 데 전혀 도움이 안 되는, 폐지되어야만 하는 폐단으로 꼽았다.

윤휴가 과거제의 폐지를 주장하였던 것은 이러한 당대의 폐단뿐만이 아니라 그것이 三代에는 행해지지 않았던, 先王의 제도가 아니었기 때문이었다. 그가 가장 바람직한 시대로 삼고 있는 주나라 때에는 사자를 뽑는 데 있어서 향당에서 양성하여 덕행과 기예를 살펴 나라에 천거하였던 것이다. 그 후 한나라 때에는 향당에서 양성하여 천거하는 일은 없어졌지만 孝廉과 薦辟을 거행하여 훌륭한 인재와 덕행을 지닌 사람이 벼슬에 오를 수가 있었다.87)

그러나 수나라 양제에 의해 시작된 과거제도가 당·송시대에 성행하게 되고 명나라 때에 극도에 이르렀다. 수·당 이래로 과거제를 시행하였기 때문에 더 이상 인재가 더 나오지 않았고 禮敎가 붕괴되고 천하마저 붕괴되는 혼란한 경지에 이르러 구제할 수 없게 되었다고 생각하였다.88)

더욱이 그는 과거를 통해서 인재를 얻을 수 없을 뿐만 아니라 그로 인해 학자들이 지녀야 할 덕이 훼손된다고 생각하였다.

'과거제도의 폐단의 근원은 무엇인가? 천하의 학자들로 하여금 (試)牒을 바쳐 스스로 응시하여 有司에게 售하고, 다투어 헛된 이름을 추구할 문을 열어두어 학자의 心術을 무너뜨리고 예의와 염치가 무엇인지 인식하지 못하게 하였으니 그것이 첫 번째 폐단이다. 천하의 학자들로 하여금 붓끝으로 교묘함을 다투고 입에서만 정신을 피곤하게 하여

---

87) 『백호전서』 27권, 「만필」(상), '周人取士 養之於鄕黨 賓之以三物 蓋本末兼學也 漢氏雖無鄕黨之政 拔之以孝廉 行之以薦辟'.
88) 『백호전서』 27권, 「만필」(상), '科擧之制 昉於隋煬 成於唐宋 極於大明 世主固以是 爲周氏賓德行 漢家策賢良之遺意 而行此之制 堅如金石 後之論者 猶恐其制之不立 而其法之不密也 然之愚觀之 自隋唐以來 人才日喪 禮敎日崩 天下日入於壞亂 以莫之捄者 非異道也'.

선왕의 經訓과 성현의 詩書를 오직 剽竊의 자료로만 삼아 문서는 더욱
더 혼탁해지고 口舌은 어지러울 대로 어지러워져 人心이 날로 상하고
대도는 더욱 어두워져 修身과 힘쓸 일이 무엇인지 알지 못하게 되었으
니 이것이 두 번째 폐단이다. 이것을 잘하는 자 진출하고 이에 능하지
못한 자는 물러나 그 합격자들은 모두 한나라 藏書處(鴻都)의 악송과
가호의 무리들이니 비록 쇠뿔과 무쇠뿔처럼 빼어난 선비들이 재주가
뛰어나고 大器라 할지라도 늙어 죽도록 등용되지 못하는 것이 세 번째
폐단이다.'89)

과거제도는 학자들로 하여금 불필요한 경쟁에 몰두하게 함으로
학자들의 心術을 해치고 時務보다 글 짓는 재주에 주력하게 하여
정작 국가에 필요한 인재는 늙어 죽을 때까지 수용되지 못하게 되
는 국가의 고질적인 병폐라고 지적하였던 것이다. 실제로 조선 후
기로 내려올수록 과거시험을 보기 위해 자신의 평생을 바치는 사람
의 수는 증가되었다.90)

과거시험의 가장 큰 문제는 과거시험에서 치르는 과목이라는 것
이 詞章이라는 점이었다. 그는 글을 짓는 것을 배우는 자들이 그다
지 노력하지 않아도 얻을 수 있는 하찮은 재주로 여겼다.91) 하찮은
재주에 불과한 詞章으로 과거를 치르면서 '얻는 것은 깨진 항아리
이고 버리는 것은 주나라의 귀중한 솥'이 되어 버렸고92) 大道가 쇠

---

89) 『백호전서』 27권, 「만필」(상), '科擧之制 其弊原何在 令天下學者 投牒自應 而售於
有司 開天下奔競之門 壞學者心術不識禮義廉恥爲何物 此其弊一也 令天下學者鬪巧
於筆端 弊精於口頭 視先王經訓聖賢詩書 只爲剽竊之資 文書稠濁 口舌淆亂 人心日
喪 大道益晦 不識修身不識務爲何物 此其弊二也 能是者進 不能是者退 所得者 率
皆鴻都樂賈之流 雖有角書髦彦長才大器 至老死不收 此其弊三也'.
90) 송준호, 「조선후기 과거제도−(부록: 科擧에 생애를 바치다시피 한 사람들의 한
例)」, 『국사관논총』 63집, 국사편찬위원회, 1995, 188−191쪽.
91) 『백호전서』 27권, 「만필」(상), '蓋詞章少技 足以病人心術 而蠱人精神 弓馬武藝 抑
可以養得人筋力 發舒人志氣也'.

퇴해 버렸던 것이다. 그는 詞賦로 인재를 선발하는 것은 폐지해야 한다고 생각하였던 것이다.

그는 과거제가 단지 인재등용의 문제만을 가져온 것이 아니라 결국 聖賢의 道가 세상에 펴지지 않게 된 중요한 원인이라고 판단하였다.

> '삼대 이상으로는 성현이 있고 호걸은 없었으며, 삼대 이후에는 호걸은 있어도 성현은 없었다. 그런데 오늘날에 이르러서는 學士는 있으나 호걸이 없으니, 이것은 왕자가 패자로 떨어지고 패자가 오랑캐로 떨어진 까닭이다. 나는 천하에 과거 한 가지만 없앤다면 마땅히 한두 분의 훌륭한 성현이 있을 것이고, 조정에서 화의 두 글자만 없애도 아홉, 열의 영웅호걸이 나타날 것이라고 생각한다.'93)

윤휴는 성현의 도가 땅에 떨어지고 오랑캐가 中華를 차지하는 夷狄의 시대가 도래하게 된 것은 바로 학자들에게 참다운 성인의 가르침을 공부할 수 없게 만든 과거제 때문이라고 단언하고 있는 것이다. 그는 '천하의 제도 가운데 가장 큰 폐단이 되는' 과거제도를 폐지하고 '천거하는 부서를 개설하여 실제로 德을 지닌 사람이 조정에 오르게 하여야 공정한 도리가 드러나고 훌륭한 인재들이 높은 자리에 있게 될 것'이라고 생각하였던 것이다. 이것이 행해져야 비로소 천하의 정치가 바로 시행될 수 있을 것이라고 하였다.

그리하여 그는 晝講에서 科擧를 설행하지 않아야 된다고 주장하였다.94) 그날 주강에서 그는 김석주와 더불어 論語의 朱子의 註釋

---

92) 『백호전서』 27권, 「만필」(상), '況所得者康瓠 所幹者周鼎'.
93) 『백호전서』 27권, 「만필」(하), '三代以上 有聖賢 而無豪傑 三代以下 有豪傑 而無聖賢 至于今日 有學士 而無豪傑 此所以王降而伯 伯降而夷也 予謂天下使無科擧一路 當有一介兩介元聖巨賢 朝家使無和議二字 便出九頭十頭英豪俊傑'.

을 읽을 것인지의 여부를 두고 논쟁을 벌였다. 윤휴는 왕의 학문은 과거를 보는 선비의 공부와는 다른 것이므로 朱子의 註釋을 참고할 필요가 없다고 하였고 김석주는 朱子의 註釋를 절대 폐할 수 없는 것이라고 하였다. 윤휴는 이날 내친 김에 평소 가지고 있었던 과거제의 폐단에 대해 언급하고 과거를 설행하지 않아야 된다고 주장하였던 것이다. 이에 숙종은 동석한 허적과 권대운에게 의견을 물었고, 그들은 과거로 사람을 뽑는 것은 갑자기 폐할 수 없는 일이라며 반대하였다.

　며칠 후 윤휴는 상소를 올리면서 과거제에 대한 자신의 견해를 밝히었다.

　　'우리나라에는 선비를 뽑는 것이 오로지 과거에 달려 있으나, 과거법으로는 반드시 선비를 얻지 못합니다. 평시에도 본디 급선무가 아닌데 더구나 위란한 때이겠습니까!……삼공·육경·대각·시종·방백·부주현의 수령을 시켜 行誼·智慮·拳勇·技藝가 있는 자를 한 사람씩 각각 천거하게 하여 마땅한 사람을 얻으면 작상으로 은총을 내리고 마땅한 사람이 아니면 녹봉을 감하거나 자급을 낮추는 법을 시행하다면 거의 한때의 효과를 거둘 수 있을 것입니다.'95)

　윤휴는 과거제도를 통해서는 선비를 얻을 수 없으므로 차라리 내외의 신하들에게서 책임 있는 천거를 통해 인재가 등용될 수 있는 기회를 주자고 하였다.

　그러나 윤휴의 주장은 받아들여지지 않았다. 과거제를 폐지하자는 그의 주장에 대하여 허적은 자신을 포함한 대부분이 과거로 출

---

94)『숙종실록』원년 1월 18일 정축조.
95)『숙종실록』원년 1월 23일 임오조.

신한 사람들로 비록 의리의 학문은 윤휴만은 못하지만, 과거를 설행하여 사람을 뽑는 법을 결코 폐할 수는 없는 것이라며 '도움이 없는 말을 많이 할 것조차 없다'며 단호히 반대하였다. 오정위 역시도 인재를 얻는 방도는 오직 과거에만 달려 있는 것이므로 폐할 수 없다고 하였다. 김석주는 式年試에 及第한 자가 草記를 쓰지 못할 정도라고 인정하면서 과거로 인재를 얻을 수 없다는 윤휴의 의견에는 동의하지만 그렇다고 과거제 자체를 폐지할 수 없다고 하였다.96) 윤휴의 과거제 폐지 주장은 재론의 여지없이 묵살되었던 것이다.

당시 과거를 통해 정계에 진출한 입장에서는 과거제도가 비록 先王의 제도가 아니다 하더라도 인재를 선발하기 위한 국가의 기본제도를 하루아침에 폐지할 수는 없었던 것이다. 그러나 윤휴는 과거제도를 그대로 존속시키고서는 先王과 聖賢의 가르침을 구현할 수 없다고 생각하였다. 그리고 그 가르침이 세상에 구현되지 않는다면 무너진 道 역시 바로 서지 않을 것이라고 생각하였다. 조선의 현실 정치 속에서 삼대의 모범적인 정치를 구현하려고 윤휴는 동료들로부터 '迂闊하다'는 평가를 받을 수밖에 없었던 것이다.

과거제 폐지에 대한 논의는 거슬러 올라가면 李珥(1536-1584)에게서부터 시작되었다. 이이는 과거제를 末世의 用人法이라고 지적하며 公論에 의한 人才의 천거를 시행하자고 주장하였다.97) 윤휴와 같은 시대를 살았던 柳馨遠(1622-1673)도 과거제를 폐지하여야 한다고 주장하였다. 유형원은 과거제의 모순에서 비롯되는 인심의 浮薄循私 등 당시의 부조리를 없애기 위해서는 과거제부터 개

---

96) 『숙종실록』 원년 1월 23일 임오조.
97) 이선민, 「이이의 경장론」, 『한국사론』 18, 1988, 250-254쪽.

혁해야 한다고 하였다. 그리고 그는 인재를 등용하기 위한 구체적
인 방법을 구상하기도 하였던 것이다.[98] 丁若鏞(1762－1836)도 과
거제의 폐해에 대해 지적하면서 대대적인 제도개혁을 해야만 한다
고 주장하였다.[99] 이러한 과거제에 대한 지속적인 문제제기의 결과,
영조와 정조 연간에 과거제도를 개선하게 되었던 것이다.[100]

② 諫官制의 정비

윤휴가 개혁의 대상으로 삼은 제도는 諫官制度였다. 그는 諫官이
설치된 역사적 경위를 검토하여 간관제도가 성현의 제도가 아님을
밝혀냈다. 특히 간관이 秦나라의 商鞅(?－BC 338)과 李斯(?－BC
208)의 무리가 天理와 人心에 위배되는 정치를 시행하면서 사람들
의 비난을 듣지 않으려고 설치된 것으로 천하 사람의 입을 막기 위
해 설치되었다고 지적하였다. 그와는 달리 先王의 제도는

> '사방의 눈을 밝게 하고 사방의 귀를 통하게 하며, 백관에게 물어
> 각자 그 직분으로 諫言하고, 萬民에게 下問하여 각자의 뜻을 말하게
> 하고, 모든 관리가 조정에서 의론하고 장사치들은 시장에서 비방하도록
> 두었으며 천하로 하여금 그 과실을 공격하고 進善之旌을 세우도록 하
> 고, 천하로 하여금 그 하고픈 말을 다하게 하는 것이 선왕의 제도이
> 다.'[101]

---

98) 『반계수록』 10권, 敎選之制下, 貢擧事目; 김준석, 「유형원의 정치 국방체제 개혁론」,
　　『동방학지』 77・78・79합집, 연세대학교 국학자료원, 1993, 363－377쪽 참고.
99) 조성을, 「정약용의 과거제도 개혁론」, 『역사학보』 157집, 역사학회, 1998, 82－93쪽.
100) 차미희, 「18세기 과거제 개혁의 추이」, 『역사교육』 52집, 역사교육연구회, 1992,
　　　53－59쪽.
101) 『백호전서』 27권, 「만필」(중), '明四目達四聰詢百工　各以其職諫訊萬民　各以其意
　　　言　百吏議於朝　商旅謗於市　使天下盡其言　此先王之制也'.

先王의 제도대로 한다면 諫官이라고 하는 제도 자체가 의미 없는 것이 된다. 선왕의 제도에 없는 간관이 설치되면서 천하가 망하게 되었다고 생각하였다.

당시 조선 역시 예외가 아니었다. 그는 諫官이 없었더라면 조선 초기 己卯士禍나 乙巳士禍가 그렇게 심하지 않았을 것이라고 생각하였다. 그리고 직전 세대에 있었던 仁穆 大妃의 西宮 幽閉와 같은 인륜의 변고와 南漢山城의 夷狄之禍 같은 재앙도 막을 수 있었을 것이라고 생각하였다.[102]

결국 諫官制는 諫官의 지위에 있는 자, 부잣집의 우매한 자제들이면서 과거에 급제한 신진들이 지혜와 성의를 다하고 두려워하는 마음으로 직무를 수행하더라도 그 설치된 경위를 생각해 볼 때 천하와 국가에 도움이 되지 못할 제도라고 생각하였던 것이다. 그리하여 윤휴는 설치한 이후부터 인재를 제대로 선발하지 못한 과거제도와 역시 설치한 이후에 조정을 어지럽힌 간관제도의 폐단을 제거하지 않고서는 아무리 훌륭한 정치를 말하려고 하더라도 할 수가 없다고 하였다.

때문에 윤휴는 과거제도의 폐지와 아울러 언로의 대폭적인 정비를 건의하였다.[103) 그는

'언로를 여는 것은 옹폐된 것을 터서 민정을 통하기 위한 것입니다. 우리나라의 喉司는 전부터 도로 내주는 제도가 있고 또 근일에는 금방

---

102) 『백호전서』 27권, 「만필」(중), '我朝立國 建設規模 近趙宋 禍福亦有相似者 後之尙論者 當有以發之 嗚乎 我朝而無諫官 己卯士禍 不若是其烈也 乙巳姦熖 不若是其熾也 西宮人倫之變 可以無作也 南漢夷賊之禍 豈又若是之甚乎 每念至此 未嘗不獨居而嘆 傷其禍殃自此始也'.
103) 『숙종실록』 원년 1월 9일 무진조.

하는 일도 있으니……이러한 금령을 일체 없애고 사직하는 상소 외에
는 도로 주지 말아서 품은 생각이 있는 자가 다 말할 수 있게 해야 하
겠습니다.'104)

박헌에게 형신을 가하는 것은 언로에 해로우니 석방하는 것이 옳
다고 진언하였다. 박헌의 석방에 대해서 허적과 권대운은 반대의사
를 엿보였으나 윤휴는 박헌을 완전 석방한다면 언로가 넓어질 것이
라며 말하는 자에게 죄를 주어서 언로를 막히게 해서는 안 된다고
거듭 촉구하였던 것이다.105)

윤휴는 기본적으로 간관이라는 제도가 불필요한 것으로 생각하였
다. 선왕의 제도에서처럼 신하라면 누구나 왕에게 간언할 책임과
의무가 있었던 것이다. 또한 신하의 발언에 대한 책임 추궁이 없어
야 했다. 모든 신하가 三代처럼 왕에게 진언하기 위해서는 그 간언
의 내용이 설령 바람직하지 않더라도 그것을 빌미로 죄를 물어서는
안 된다고 하였다. 윤휴는 간언에 대해 책임을 묻는 것은 언로를
막는 행위로 보았던 것이다.

諫官革罷는 유형원에 의해서도 제기되었다. 유형원은 諫官이란
古制에 없었다가 言路를 위해 제도화한 것이었으나 후세로 오면서
그 자체의 폐단이 오히려 言路를 스스로 쇠퇴하게 되어 그 폐해가
크다고 비판하였다.106)

이상으로 윤휴가 개입하였던 論爭을 중심으로 그의 帝王政治論

---

104) 『숙종실록』 원년 1월 23일 임오조.
105) 『숙종실록』 원년 7월 10일 병신조;『숙종실록』 원년 1월 21일 경진조에는 윤휴는
　　　'구언을 하고서 말한 자를 귀양 보내는 것은 언로에 방해가 된다'고 하였다.
106) 『磻溪隨錄』 9권, 職官之制下, 職官因革事宜.

에 대하여 살펴보았다.

효종의 사망으로 시작된 복제논쟁은 윤휴의 삶의 轉機가 되었다. 서인들과 비교적 원만한 관계를 유지하였던 윤휴는 기해년의 복제논쟁을 기점으로 서인들에게서 배척되고 절교하였다. 그것은 윤휴가 자의대비 복제를 두고 일어났던 논쟁에서 서인과는 달리 삼년복을 주장하였고, 당시의 정국에 영향을 미쳤기 때문이었다.

이 논쟁은 처음부터 정치투쟁적 성격을 띤 것은 아니었다. 처음에는 단순히 복제를 논하던 조정의 의논에서 남인인 허목과 윤선도의 상소가 도화선이 되어 급속히 정쟁의 조짐을 보였다. 윤휴는 본격적으로 논의에 개입하지는 않았지만 남인이 서인에게 대항할 수 있는 복제논리를 제공함으로써 서인들에게는 '예송의 주동자'로 지목되었던 것이다.

그러나 윤휴가 주장한 예론과 남인 일반의 예론은 같지 않았다. 남인의 경우 대다수 허목의 의견을 따라 齋衰三年服을 주장하였으나, 윤휴는 斬衰三年服을 주장하였다. 윤휴의 예론은 송시열 등의 서인은 물론이거니와 남인과도 달랐던 것이다.

윤휴는 이미 '天子의 자리'에 올랐던 '至尊한 국왕'에 대한 예우로써 참최삼년복을 입어야 한다고 주장하였던 것이다. 이 같은 주장은 비단 효종뿐만이 아니라 모든 국왕의 喪禮에 母后를 포함한 모든 신하가 斬衰三年服을 입어야 한다는 뜻이었다. 즉 윤휴는 국왕을 최고의 권위를 지닌 존재로 인정하여 모든 신료들이 그 아래 복속해야 한다고 생각하였던 것이다.

윤휴가 국왕권을 독자적인 권력으로 인정하였다는 것은 그가 조정에 나간 후 보여준 정치행로에서도 잘 나타나고 있다. 출사 후 그는 '慈聖을 照管하라'는 발언을 하였다가 곤혹을 치렀다. 어린 나이에 왕위에 오른 숙종이 모후의 영향력에 놓이는 것을 방지하고 자 했던 그의 발언은 자식에게 어머니를 단속하라는 것은 반인륜적 인 것이라는 서인의 비판을 받았던 것이다. 그러나 그는 모후 역시 왕위를 접수한 존재에게는 신하일 수밖에 없다고 인식하였다.

윤휴는 국왕의 권위를 절대적인 것으로 생각하였는데 이것은 삼 대정치의 제왕에 대한 이해에서 비롯되었던 것으로 보인다. 그는 당시 일반적인 입장처럼 가장 理想的인 政治的 模範으로서 堯舜禹 가 다스리던 三代政治를 꼽았는데, 三代政治는 帝王과 宰相의 조 화로운 협력에 의해 통치되던 시기였던 것이다. 그는 현명한 宰相 의 도움으로 가장 理想的인 統治를 하였던 帝王의 時代를 조선에 구현하고자 하였던 것이다.

그리하여 그는 국왕을 성군으로 만들고자 하였으며, 그 방법으로 學問을 강조하였다. 제왕의 역할을 제대로 수행하기 위해서는 끝없 이 학문을 닦아야 한다고 생각하였던 것이다. 더 나아가 先王들의 시대에 행해지던 제도를 회복하고자 하였는데, 성현들의 도를 무너 뜨리는 데 큰 영향을 미친 과거제도와 폐쇄적인 간관제도를 혁파하 여 삼대와 같은 체제를 조선에 구현하고자 하였다.

그러나 이러한 윤휴의 견해는 인조반정 이후 서인을 중심으로 한 臣權중심의 정국운영방식에 대한 도전이었기 때문에 서인들과의 충 돌이 불가피하였다. 또한 서인 주도의 반정에 협력하여 정권에 참 여하였던 남인이 서인과 이렇다 할 정치적 학문적 차이 없이 국정 의 외각에서 활동해 오다가 윤휴의 해박한 경전에 의거한 예론으로 무장하여 서인의 주도권에 제동을 걸었던 것이며, 이를 기반으로 남인은 일시적이나마 정국의 주도권을 장악할 수 있었던 것이라고 생각된다. 그리고 그 남인의 권력 장악의 핵심에 윤휴가 있었던 것

이다. 윤휴가 서인들로부터 집중적이 포화를 받게 된 것은 바로 이
러한 이유 때문이었다.

Ⅵ 結 論

1617년 광해군 재위 9년에 태어난 윤휴는 11살 되던 해 정묘호란(1627)을 겪었고, 20살 되던 해에 병자호란(1636)을 겪었다. 병자호란은 윤휴에게도 커다란 충격으로 다가왔다. 그리하여 그는 '復讐雪恥'하기 전에는 오랑캐와 화친한 조정에 들 수 없다는 결심으로 科擧를 접고 학문에 몰두하였다.

이 같은 충격은 비단 윤휴에게만 해당하는 것은 아니었다. 그 당시 대다수의 조선의 지식인들은 오랑캐라고 멸시하였던 여진족이 중원을 제패하고, 조선이 그들과의 전쟁에서 패배하고 형제관계에서 군신관계에 이르는 화친조약을 맺게 된 사실을 받아들이지 못하였다. 그러한 현실은 조선의 지식인들에게 '사상적 공황'을 야기했고, 그 용납할 수 현실을 타개할 방안 모색에 주력하게 되었다.

윤휴도 과거를 접고 학문에 전념하면서 조선이 직면한 현실을 극복할 방안을 모색하였다. 청나라와 화친한 조정에 들 수 없다고 결심하고 오랑캐에게 받은 치욕을 씻을 때까지는 정계에 진출하지 않겠다고 다짐할 정도로 충격을 받았던 윤휴는, 학문에 전념하면서 무엇보다도 무너진 大義를 바로잡아야 한다고 생각하게 되었다. 그는 흐트러진 기강을 바로 세우기 위해서는 본래의 유교이념에 더욱

더 철저해져야 하며 근원적인 해결책을 모색하고자 하였다.

그가 주목하게 된 것은 ‘聖賢의 道’가 지켜지던 堯舜禹의 태평성대, 三代에 대한 기록인 『詩經』·『書經』·『春秋』·『禮記』 등 六經이었다. 六經은 성인의 시대에 만들어진 經典들로 聖人들의 治世에 대한 가르침이 녹아 있는 책이었으며 그 경전의 가르침을 다시 복원하여 현실에 적용할 때 비로소 聖人의 道가 세상에 나타날 수 있다고 생각하였던 것이다.

그중에서도 심혈을 기울인 것은 『孝經』과 『禮記』 그리고 『禮記』의 일부인 『大學』·『中庸』이었다. 그래서 그는 주자의 『小學』에 밀려 그다지 주목되지 못하였던 『孝經』을 연구하였다. 그는 「古文孝經」과 「今文孝經」을 검토하여 새로운 분장체계와 주해를 통해 孝가 현실 속에서 실현되도록 『孝經』을 쉽게 풀어썼던 것이다.

『禮記』에 대한 저술은 孝의 사회적 확장이라고 할 수 있는 禮를 바로 세우기 위한 노력이라고 생각된다. 그는 별도의 저술은 남기지 않았지만 『周禮』와 『儀禮』도 살펴보았는데 어그러진 세상을 바로잡고 ‘禮’의 확립을 통해 세상을 구제하기 위해서는 주자학자들에 의해 변용되기 이전의 禮인 古禮를 중시하게 되었던 것이다. 윤휴가 학문적 파문을 당하는 계기가 되었던 『中庸』과 『大學』에 대한 저술 역시 성현의 가르침을 회복하는 禮治的 관점에서 시도된 것이라고 생각한다.

그런데 이 같은 윤휴의 관심은 당시의 일반적인 학문 반경에서 벗어난 것이었다. 당시 지식인들은 이러한 조선의 시대적 현실을 朱子가 살았던 宋나라 때의 역사적 상황과 유사하다고 생각하여 朱子에게서 자신들의 행동규범의 모델을 발견하고자 하였으며, 朱子의 뜻을 존숭하고 추종함으로써 그들이 직면한 시대현실을 극복해

나갈 수 있을 것이라고 생각하였다. 때문에 당시의 지식인들은 대부분 四書를 중심으로 한 朱子의 저술을 완벽한 텍스트로 간주하였고, 朱子가 孔子나 孟子와 같은 聖人으로 추앙되는 학문 풍토 속에서 朱子의 學問的 權威는 절대적인 것으로까지 인식되었다.

이러한 추세는 윤휴의 학문을 비판하였던 송시열을 비롯한 서인들에게서 더욱 현저하게 나타났다. 그러나 朱子 역시 聖賢의 학문을 추구하였던 後學者로 인식하였던 윤휴는 자신의 생각을 거둬들이지 않았고, 차츰 서인들로부터 배척되기에 이르렀던 것이다.

윤휴와 서인의 대립은 윤휴의 평생의 抱負이자 出仕의 名分이기도 하였던 北伐大義論에서 가장 잘 드러났다. 사실 윤휴가 정계에 진출하였던 가장 큰 이유는 北伐을 단행할 수 있는 기회가 도래하였다는 것이었다.

윤휴에게는 이전에도 출사할 수 있는 기회가 있었다. 仁祖의 뒤를 이어 왕위에 오른 孝宗이 北伐을 國是로 내세워 反淸的인 지식인을 등용시키고자 하였을 때 윤휴에게도 몇 차례 관직이 제수되었다. 그러나 이때 윤휴는 출사하지 않았다. 그러다가 현종 말 숙종 초에 청나라에서 명나라 부흥운동이 일어나고, 청나라가 위기에 직면하게 되었고, 윤휴는 이를 북벌을 할 수 있는 절호의 시기라고 판단하였다.

당시 北伐大義는 국가적 명분이었기 때문에 윤휴의 북벌대의 주장은 크게 이채로운 것이 아니었다. 그러나 그가 주장한 北伐大義論은 그 이전의 그것과 다소 차이를 보인다. 당시 대다수의 지식인들은 明나라에 대한 義理에 기반을 둔 崇明排淸的 意識을 지니었다. 그러나 윤휴에게서는 단순히 명나라에 大明義理的 차원이 아닌, 조선이라는 國家의 正體性이 훼손되어 역사에 남긴 오명을 씻어야 한다는 의식을 찾아볼 수 있다. 즉 歷史에 입각한 義理論을 주장하였던 것이다. 그리하여 그는 그 같은 치욕을 씻지 않는 한, 조선의 국가로서의 存立名分을 바로 세울 수 없다고 생각하였던 것이다.

胡亂 이후의 北伐論은 反正으로 왕위를 차지한 仁祖와 그의 계열에서 배출된 왕들의 권력의 正當性과 밀접한 관련이 정책이었으며, 더 나아가 조선이 국가적 이념으로 채택한 儒學의 春秋大義論과도 떼어놓고 생각할 수 없는 것이었다. 그러나 오삼계의 난이 평정되고 조선에 대한 청의 지배가 강화되면서 북벌론은 그야말로 명분으로만 남게 되었으며 조선의 국운이 다할 때까지 청나라는 조선의 종주국으로서 행사하였던 것이다.

이렇듯 당대의 일반적인 華夷論的 觀念에서 벗어나 있었던 윤휴는 己亥年의 服制論爭에서도 독특한 주장을 제기하였다. 그는 인조의 뒤를 이어 왕위에 올랐던 효종의 사망으로 빚어진 복제논쟁(1659)에서 三年服을 주장한 대표적인 論客이었다. 그 자신이 이 논의에 본격적으로 개입하여 논의를 주도하지는 않았지만, 그가 주장하였던 三年服이 허목을 통해 조정에 상소되면서 복제논의가 재기되었다. 윤휴는 이 논쟁에서 『儀禮』 등 古禮에 의거한 經典的 根據를 제시함으로써 서인의 朞年服에 대항할 수 있는 남인의 禮論을 형성하는 데 큰 영향을 미쳤던 것이다.

그러나 남인 대다수의 禮論과 윤휴의 禮論이 같았던 것은 아니다. 당시 남인은 대부분 허목의 상소에서도 잘 드러나지만 齋衰三年服을 주장하였으나, 윤휴는 斬衰三年服을 주장하였다. 윤휴가 주장한 斬衰三年服은 죽은 자를 애도하는 가장 重한 服制로서, 이것은 국왕을 至尊의 權威를 지닌 存在로 인정하는 것이었다. 그리하여 그는 인조의 뒤를 이어 왕위를 계승한 孝宗을 長子로 볼 것인가, 次子로 볼 것인가 여부로 그 정통성에 관한 논의에 주목하였던 남인과 서인들과는 달리, 오히려 윤휴는 國王權의 至尊性에 초점을 맞춰 服制를 논의하였던 것이다. 즉 윤휴의 斬衰三年服은 王家의 특수성뿐만 아니라 王은 至尊한 存在로서 모든 臣下가 그 權威 아래 복속해야 한다는 의미였던 것이다.

윤휴가 國王權을 독자적인 最高의 權力으로 인정하였다는 것은 그가 조정에 나간 후 보여준 정치행로에서도 알 수 있다. 출사 후 그는 '慈聖을 照管하라'는 발언을 하였다가 곤혹을 치렀다. 어린 나이에 왕위에 오른 숙종이 母后의 영향력에 놓이는 것을 방지하고자 했던 그의 발언은 자식에게 어머니를 단속하라는 것은 반인륜적인 것이라는 서인의 비판을 받았던 것이다. 그러나 그는 母后 역시 王位를 접수한 존재에게는 신하일 수밖에 없다고 인식하였다.

윤휴가 이렇게 국왕의 권위를 절대적인 것으로 생각한 것은 三代政治의 帝王에 대한 이해에서 비롯되었던 것으로 보인다. 그는 가장 理想的인 政治的 模範으로서 堯·舜·禹가 다스리던 三代時代를 꼽았다. 그런데 三代政治는 帝王과 宰相에 의해 통치되던 시기였던 것이다. 그는 현명한 宰相의 도움으로 가장 理想的인 統治를 하였던 帝王의 時代를 조선에 구현하고자 하였던 것이다. 그는 국왕을 聖君으로 만들고자 하였으며, 그 방법을 학문을 강조하였다.

또한 그는 帝王은 자신의 역할을 제대로 수행하기 위해서는 끝없이 學問을 닦아야 한다고 생각하였다. 윤휴가 출사한 직후, 숙종에게 올린 「公孤職掌圖說」은 그 내용은 周禮의 三公과 三孤의 직무에 대한 것이지만, 실제로는 국왕이 갖추어야 하는 德目과 국왕이 거울로 삼아야 할 歷代 中國 왕들의 行蹟에 대한 것으로, 어린 숙종을 聖君으로 만들기 위한 제왕학의 우회적 방법이었던 것이다.

더 나아가 그는 '先王의 制度'를 다시 회복하고자 하였다. 선왕들의 가르침이 쇠미해진 가장 큰 이유는, 先王의 예법에 기초한 제도를 정립하지 않고 후대에 만들어진 잘못된 제도 때문이었는데, 그 대표적인 것이 科擧制와 諫官制라고 생각하였다. 그래서 그는 시험을 통해 인재를 선발하는 과거제도는 詞章을 일삼고 경쟁만을 부추기는 것이므로 폐지하고, 聖賢의 가르침을 닦은 인재를 薦擧를 통해 선발할 것을 주장하였던 것이다. 諫官制 역시 신하라면 누구나 왕에게 諫言할 수 있어야 함에도 불구하고 특정한 관직자가 독점함으로써 오히려 왕의 耳目을 좁혀 時務를 바로 보지 못하는 폐단만 있을 뿐이므로 개방할 것을 요청하였던 것이다.

그러나 이러한 윤휴의 주장은 제도적으로 수용되지 못하였다. 科擧制를 폐지하자는 주장은 대부분 과거를 통해 출신한 조정의 대신들의 반대에 부딪혔고, 諫官制 역시 言路를 넓혀야 한다는 원칙적인 동의만을 이끌어 내는 데 그치고 말았다. 윤휴가 지적하였던 과거제도의 모순과 병폐는 유형원이나 정약용 등에 의해서도 제기되었으나, 끝내 작파하지 못하고 유지되었다.

이 같은 윤휴의 제의에 대해서는 남인들마저도 동의하지 않았다. 그러나 윤휴는 남인들과 政治的 行步를 같이하였다. 앞서 언급한 己亥年의 服制論爭이나 慈聖照管 發言 등은 사실, 甲寅年의 服制論爭을 계기로 어렵게 정국의 주도권을 장악한 남인에게는 서인의 재등장을 견제할 수 있는 논리였다. 특히 '慈聖照管' 論爭의 경우는 幼主의 계승으로 인한 정국의 혼란을 빌미로 外戚이 政治에 개입할 가능성이 없지 않은 상황에서 母后를 통한 外戚의 政治介入을 차단하기 위한 조치로도 작용하였다.

이와 같이 윤휴는 남인 집권기에 정계에 진출하여, 六經과 중국의 歷史에 대한 해박한 지식으로 남인에게 서인의 공격을 방어할 논리를 제공해 주었던 것으로 생각된다. 남인의 권력 장악의 핵심에 윤휴가 있었던 것이다. 윤휴가 서인들로부터 집중적이 포화를 받게 된 것은 바로 이러한 이유 때문이었다.

윤휴의 입장이 늘 남인의 당론과 일치하지는 않았지만, 朞年服을 대체할 三年服은 『儀禮』 등 古禮에 근거한 것이었고, 母后와 外戚의 정치개입을 미연에 방지코자 하였던 '慈聖照管' 논쟁 또한 經典에 의거한 것으로 이러한 經典主義的 政治理論은 서인의 정국주도권에 제동을 걸었고, 남인이 권력을 장악하는 데 일조하였다.

仁祖反正 이후 西人과 南人의 政治的 學問的 입장의 갈래를 타게 된 것은 服制論爭에서 논점 차이였다. 이 논쟁을 經典主義的 解釋으로 끌어올린 이가 윤휴였으며 결과적으로 윤휴는 남인과 서인의 학문적, 정치적 입장의 차이를 이끌어 낸 장본인이 되었던 것이다. 그전에도 서인과 남인의 구분은 있었고 그들 사이에 학문적 차이는 있었지만 그것은 학통상의 차이이었지 그렇게 예민하게 갈라선 것은 아니었다. 그러나 윤휴의 經典에 의거한 철저한 禮論의 등장과 그를 둘러싼 견해의 차이는 서인과 남인의 정치적 학문적 경계를 분명하게 만들었고 그 이후에 그러한 학통을 나뉘는 논쟁은 더욱더 가열되었다.

그러나 윤휴와 남인은 모든 면에서 일치하지 못하였다. 특히 윤휴의 평생포부인 北伐大義에 있어서 윤휴는 반드시 결행하여야만 하는 時務라고 생각했지만, 허목과 권대운을 비롯한 남인계 관료들은 명분적으로 동의하지만, 현실 가능성이 없는 논의로 치부하였던 것이다.

오랫동안 재야에 머물면서 현실정치에 참여하지 않은 윤휴와는 달리 조정에 종사하였던 남인은 북벌대의의 실현을 위해 주장하는 개혁안-총부랑의 설치, 수레와 화포의 사용, 오가작통법과 호패법의 실시 등이 가져올 여파를 생각하지 않을 수 없었고, 미온적으로 대처할 수밖에 없었으리라 생각된다. 그리하여 윤휴가 주장한 개혁안들은 실시되지 않았고, 실시된다고 하여도 그 실천의지가 빈약하여 有耶無耶한 지경에 이르고 말았다. 결과가 이렇게 되자 윤휴는 몇 차례 상소를 올려 사의를 표명하였으나 받아들여지지 않았고 종국에는 환국에 연루되어 사사되었던 것이다.

윤휴는 일생의 대부분을 학문에 전념하였다. 그가 조정에 몸담았던 시기는 숙종이 즉위한 후 庚申換局이 단행되던 숙종 6년까지였다. 숙종은 즉위한 지 6여 년 동안은 남인과 더불어 정국을 운영하였으나 재위 6년이 되던 해에 당시 남인계 영의정이었던 허적의 아들이 왕실의 기름천막을 빌려간 일을 빌미로 換局을 단행하여 남인을 제거하고 서인이 정국의 주도권을 장악하는 전기를 마련해 주었다. 윤휴도 이에 연루되어 사사되었다. 이 사건으로 말미암아 남인은 확보한 정국의 주도권을 상실하였고 그 이후로 정계를 장악하지 못하였다.

윤휴의 학문과 사상은 이후 남인계 학자들에게 영향을 미쳤던 것으로 보인다. 주자학 절대주의 노선에서 벗어나 있었던 윤휴의 학문태도는 이익이나 정약용 등에게 영향을 끼쳐 경전에 대한 새로운 해석을 가능하게 하였다. 주자주의에 묻혀 관심의 대상이 되지 못하였던 六經과 『孝經』 등에 대한 연구를 통해 주자학 이전의 본래의 유학 연구의 길을 터놓았다고 할 수 있겠다.

비록 윤휴의 학문과 사상은 당시의 집권세력인 서인들에 의해

‘斯文亂賊’이라고 비난받고 그 의미가 폄하되었지만, 그는 조선 후기의 經學硏究의 지평을 확대하고 자신이 살고 있는 시대적 문제의 해결을 위해 儒敎的 理想政治가 행해지던 三代政治를 조선에 구현하고자 하였던 復古的 理想主義者였던 것이다.

參考文獻

1. 基本 資料

『白湖全書』
『朝鮮王朝實錄(CD)』
『國朝五禮儀』
『陽村集』
『宋子大全』
『眉叟記言』
『黨議通略』
『燃藜室記述』
『孝經』
『中庸』
『大學』
『禮記』
『書經』
『春秋』

2. 著　書

강광식 외, 『朝鮮朝 儒敎思想과 儒敎政治文化』, 精神文化硏究員, 1992.
강재언, 『서양과 조선』, 학고재, 1998.

강재언,『조선의 西學史』, 민음사, 1990.

국사편찬위원회,『韓國史』, 國史編纂委員會.

권정안 외,『朝鮮朝儒學思想의 研究』, 驪江出版社, 1988.

금장태,『儒教思想의 問題들』, 驪江出版社, 1990.

______,『儒教와 韓國思想』, 成均館大學校 出版府, 1980.

김문식,『朝鮮後期經學思想研究』, 일조각, 1996.

김승혜,『원시유학』, 민음사, 1990.

미우라 쿠니오,『인간 주자』, 창작과비평사, 1996.

민족과사상연구회 편,『四端七情論』, 서광사, 1992.

박충석 외,『朝鮮朝의 政治思想』, 평화출판사, 1982.

송준호,『朝鮮社會史研究』, 一潮閣, 1987.

守本順日郎, 김수길 역,『東洋政治思想史研究』, 동녘, 1985.

역사학회 편,『實學研究入門』, 一潮閣, 1973.

오하마 아키라,『범주로 보는 주자학』, 예문서원, 1997.

유봉학,『燕巖一派 北學思想 研究』, 일조각, 1995.

윤사순,『한국유학사상론』, 예문서원, 1997.

______,『韓國의 思想』, 열음사, 1984.

______,『韓國의 性理學과 實學』, 열음사, 1987.

이기순,『仁祖·孝宗代 政治史 研究』, 국학자료원, 1998.

이성무 외,『朝鮮後期 黨爭史의 綜合的 檢討』, 精神文化研究員, 1991.

이영춘,『朝鮮後期 王位繼承研究』, 집문당, 1998.

이은순,『朝鮮後期 黨爭史研究』, 一潮閣, 1988.

이을호 외,『實學論叢』, 全南大學校 出版府, 1975.

이태진,『朝鮮儒教社會史論』, 知識産業社, 1987.

______,『朝鮮後期의 政治와 軍營制變遷』, 韓國研究院, 1985.

이희환,『朝鮮後期 黨爭研究』, 국학자료원, 1995.

정성철,『朝鮮哲學史』, 과학, 백과사전출판사, 좋은 책, 1988.

정옥자,『朝鮮後期 文化運動史』, 一潮閣, 1988.

______,『朝鮮後期 歷史의 理解』, 일지사, 1993.

＿＿＿，『朝鮮後期 知性史』，一志社，1991.

조명기 외，『韓國思想의 深層研究』，宇石，1986.

중국철학회，『中國哲學의 異端者들』，예문서원，2000.

최봉익，『또 하나의 우리 哲學史』，온누리，1989.

최소자，『東西文化交流史』，삼영사，1987.

＿＿＿，『明淸時代 中·韓關係史 研究』，이화여자대학교 출판부，1997.

최완기，『韓國性理學의 脈』，느티나무，1989.

한국사상사연구회，『朝鮮儒學의 學派들』，예문서원，1996.

한국사연구회，『韓國史研究入門』，知識産業社，1981.

한국철학사상연구회，『論爭으로 보는 韓國哲學』，예문서원，1995.

한우근，『李朝後期의 社會와 思想』，乙酉文化社，1961.

허권수，『朝鮮後期 南人과 西人의 學問的 對立』，法仁文化社，1993.

현상윤，『朝鮮儒學史』，민중서관，1948.

홍원식，『實學思想과 近代性』，예문서원，1998.

3. 論 文

곽신환，「宋時烈과 許穆의 正義觀」，『精神文化研究』，韓國精神文化研究院，1993.

권오돈，「尤庵先生과 北伐大義」，『尤庵思想研究論叢』，斯文學會，1982.

김기현，「白虎 尹鑴의 理氣心性 및 人心道心論」，『民族文化研究』17，1983.

김길락，「朝鮮朝 朱子學의 觀念論的 解釋에 대한 批判」，『韓國東西哲學研究會 論文集』，1988.

김 돈，「조선중기의 반정과 왕권의 위상」，『전용사론』7，서울시립대학교 국사학과，2001.

김성규，「杏村 閔純의 山林學者的 性格」，『民族文化』5，한성대학교

민족문화연구원, 1991.

김세봉, 「金集의 生涯와 政治思想」, 『東洋古典研究』 2, 東洋古典學會, 1994.

김승현, 「'오경천견록'을 통해 본 양촌의 경학사상」, 『동양철학연구』 4, 1983.

김양수, 「朝鮮 肅宗時代의 國防問題」, 『白山學報』 25, 1980.

김언종, 「정다산의 '논어집주' 비판」, 『대동문화연구』 31, 성균관대학교 대동문화연구소, 1996.

김정찬, 「'기해봉사'에 나타난 이유태의 국정운영론」, 『청람사학』 4, 2001.

김종수, 「17세기 軍役制의 推移와 改革論」, 『韓國史論』 22, 1990.

김준석, 「17세기 正統朱子學派의 政治社會論」, 『東方學志』 67, 연세대학교 국학연구원, 1990.

_____, 「18세기 老論政權政治論의 構造 - 韓元震의 朋黨意識과 君主聖學論」, 『湖西史學』 18, 1990.

_____, 「兩亂期의 國家再造 문제」, 『한국사연구』 101, 한국사연구회, 1998.

_____, 「朝鮮後期 畿湖士林의 朱子認識」, 『百濟研究』18, 충남대학교 백제연구소, 1987.

박병련, 「朝鮮朝 儒敎 統治理念과 政策決定 엘리트에 관한 少考」, 『精神文化研究』 13 - 2, 韓國精神文化研究院, 1990.

박원출, 「성호 이익의 군역변통론」, 『부대사학』 22, 부산대학교 사학회, 1998.

배우성, 「조선후기 실학자들의 국토관과 지역인식」, 『한국사연구』108, 한국사연구회, 2000.

백기인, 「18세기 北伐論과 대청방어전략」, 『軍史』 41, 군사편찬위원회, 2000.

三浦國雄, 「17世紀 朝鮮에 있어서의 正統과 異端」, 『조선학보』 102집, 1982.

서태원, 「임진왜란 및 효종의 북벌론이 內政에 끼친 영향」, 『국사관논총』80, 국사편찬위원회.

설석규,「16세기 사림의 현실대응과 화담 서경덕의 처세관」,『경상사학』 15·16, 경상대학교, 2002.

______,「17세기 퇴계학파 理氣心性論의 정치적 변용」,『경북사학』21 집, 경북대학교 사학회, 1998.

______,「肅宗朝 院宇動向과 朋黨의 社會的 基盤」,『國史館論叢』34, 1992.

손승길,「17-8世紀 韓國思想의 進步性과 保守性의 葛藤에 관한 硏究 (1)」,『강원사학』1, 강원대사학회, 1985.

송긍섭,「白湖 尹鑴 理氣哲學硏究 序說」,『哲學硏究』11, 1970.

______,「白湖 尹鑴傳-그 學問的 立場을 中心으로-」,『實學論叢』, 전 남대학교 출판부, 1975.

신경숙,『17世紀 性理學的 政治觀과 朋黨政治 — 修身論과 禮論의 政 治的 機能을 中心으로 —』, 연세대학교 대학원 정치학과 석사학 위논문, 1993.

신병주,「대곡 성운의 학풍과 처세」,『남명학연구논총』, 경상대학교 남 명학연구소, 1999.

심민식,『孝宗朝 北伐論의 成立過程에 대한 硏究』, 고려대학교 교육대 학원 석사학위논문, 1987.

안병걸,「大學古本을 통해 본 白湖의 經學思想硏究」,『民族文化』11, 민족문화추진회, 1985.

______,「朴世堂의 獨自的 經典解釋과 그의 現實認識」,『大同文化硏究』28, 성균관대학교 대동문화연구원, 1993(제22회 동양학 학술회의).

______,「白湖 尹鑴의 實踐的 中庸觀(1)」,『論文集』9, 安東大學, 1987.

______,『17世紀 朝鮮朝 儒學의 經典解釋에 관한 硏究』, 성균관대학교 대학원 박사학위논문, 1991.

오영교,「17世紀 地方制度 改革論의 展開」,『東方學志』77·78·79합 집, 연세대학교 국학연구원, 1993.

______,「朝鮮後期 五家作統制의 構造와 展開」,『東方學志』73, 연세 대학교 국학연구원, 1991.

오항영, 「朝鮮 孝宗代의 政局의 變動과 그 性格」, 『泰東古典硏究』 9, 한림대학교 부설 태동고전연구소, 1993.

우인수, 「朝鮮 肅宗代 政局과 山林의 機能」, 『國史館論叢』 43, 국사편찬위원회, 1993.

______, 「朝鮮 顯宗代 政局의 動向과 山林의 役割」, 『朝鮮史硏究』 1, 복현조선사연구회, 1992.

원유한, 「조선후기 대청관계 및 인식의 변화」, 『아세아문화연구』 4집, 2000.

유명종, 「尹白湖와 丁茶山」, 『哲學硏究』 27, 1979.

유봉학, 「18·19世紀 京·鄕學界의 分岐와 京華士族」, 『國史館論叢』 22, 국사편찬위원회, 1991.

______, 「18·19世紀 老論學界와 山林」, 『한신논문집』 3, 한신대학교, 1986.

______, 「18世紀 南人의 分裂과 畿湖南人學統의 成立」, 『한신대 논문집』 1, 한신대학교, 1983.

유영희, 『尹白湖의 庸學觀』, 고려대학교 대학원 석사학위 논문, 1985.

유정동, 「禮論의 諸學派와 그 論爭」, 『韓國哲學硏究』, 동명사, 1978.

윤사순, 「朴世堂의 實學思想에 관한 硏究」, 『實學思想의 探究』, 현암사, 1981.

______, 「栗谷의 生涯와 思想」, 『韓國의 性理學과 實學』, 열음사, 1987.

______, 「朝鮮朝 性理學의 社會思想」, 『韓國의 社會思想』, 한길사, 1987.

______, 「朝鮮朝 禮思想의 硏究」, 『東洋學』 13, 단국대학교 동양학연구소, 1983.

윤희면, 「朴世堂의 生涯와 學問」, 『國史館論叢』 34, 국사편찬위원회, 1992.

이경찬, 「朝鮮 孝宗朝의 北伐運動」, 『淸溪史學』 5, 한국정신문화연구원 청계사학회, 1988.

이정우, 「17-18세기 재지 노·소론의 분쟁과 서원건립의 성격」, 『진단학보』 88, 진단학회, 1999.

이범직, 「조선후기 왕실구조 연구-仁祖代를 중심으로」, 『국사관논총』 80, 국사편찬위원회.

이봉규, 「예송의 철학적 분석에 대한 재검토」, 『대동문화연구』 31.

______, 「朝鮮性理學의 傳統에서 본 宋時烈의 性理學 思想」, 『韓國文化』 13, 서울대학교 한국문화연구소, 1992.

이상은, 「『大學』·『中庸』의 現代的 意義」, 『儒學과 東洋文化』, 범학도서, 1979.

이성무, 「17世紀의 禮論과 黨爭」, 『朝鮮後期 黨爭의 綜合的 檢討』, 정신문화연구원, 1992.

______, 「朝鮮後期 性理學序說」, 『淸溪史學』 1, 한국정신문화연구원 청계사학회, 1984.

이수봉, 「尤庵先生의 遺訓과 그 意味」, 『尤庵思想硏究論叢』, 斯文學會, 1992.

이애희, 「李玄逸의 四端七情論」, 『四端七情論』, 민족과 사상연구회, 서광사, 1992.

이영춘, 「服制禮訟과 政局運營 – 제2차 禮訟을 中心으로」, 『國史館論叢』 22, 1991.

______, 「尤庵 宋時烈의 尊周思想」, 『淸溪史學』2, 한국정신문화연구원 청계사학회, 1985.

______, 「제1차 禮訟과 尹善道의 禮論」, 『淸溪史學』 6, 한국정신문화연구원 청계사학회, 1989.

이왕무, 「조선후기 鳥銃製造에 관한 연구」, 『경기사학』 2, 경기대학교 사학회, 1998.

이은순, 「老少黨爭의 論点과 名分論 – 懷尼是非를 中心으로」, 『朝鮮後期 黨爭史研究』, 일조각, 1988.

이을호, 「白湖 尹鑴 人性論 研究」, 『學術院論文集』 16, 1977.

이이화, 「北伐論의 思想史的 檢討」, 『창작과 비평』 38, 1975.

이장희, 「尤庵 宋時烈思想에 관한 一考」, 『尤庵思想研究論叢』, 斯文學會, 1982.

이태진, 「朝鮮王朝의 儒教政治와 王權」, 『韓國史論』 23, 서울대학교 국사학과, 1990.

이해영, 「홍대용의 '중용장구' 비판」, 『대동문화연구』 31, 성균관대학교 대동문화연구소, 1996.

이희환, 「甲戌換局과 肅宗」, 『전북사학』11·12－夢谷 金貴達敎授華甲紀念論叢, 전북대학교 사학회, 1989.

______, 「庚申換局과 金錫胄」, 『全北史學』10, 전북대학교 사학회, 1986.

______, 「景宗代의 辛丑換局과 壬寅獄事」, 『전북사학』15, 전북대학교 사학회, 1992.

______, 「老·少論의 對立과 肅宗」, 『宋俊浩敎授停年紀念論叢』, 송준호교수정년기념논총간행위원회, 1987.

______, 「肅宗과 己巳換局」, 『全北史學』8, 전북대학교 사학회, 1984.

정경희, 「肅宗代 蕩平論과 '蕩平'의 시도」, 『韓國史論』30, 서울대학교 국사학과, 1993.

정구선, 「조선후기 천거제와 산림의 정계진출」, 『국사관논총』43, 국사편찬위원회, 1993.

정만조, 「17세기 중반 漢黨의 정치활동과 국정운영론」, 『한국문화』23, 1999.

______, 「朝鮮時代의 士林政治」, 『韓國思想의 政治形態』, 一潮閣, 1993.

______, 「朝鮮朝 良役變通論의 展開와 良役對策」, 『國史館論叢』17, 국사편찬위원회, 1990.

______, 「조선후기 경기북부지역 남인계 가문의 동향」, 『한국학논집』23, 국민대학교 한국학연구소, 2000.

정석종, 「朝鮮後期政治史硏究의 課題」, 『유원동화갑기념논총』, 1985.

정옥자, 「17世紀 思想界의 再編과 禮論」, 『韓國文化』10, 서울대학교 한국문화연구소, 1989.

______, 「眉叟 許穆 硏究」, 『韓國史論』, 서울대학교 국사학과, 1979.

______, 「沙溪 金長生의 禮論」, 『朝鮮後期 知性史』, 一志社, 1991.

정인재, 「尹白湖의 禮論과 倫理思想」, 『現代社會와 倫理』, 한국정신문화연구원, 1982.

정홍준, 「17세기 大臣과 儒賢의 力學關係」, 『국사관논총』65, 국사편찬위원회.

______, 『朝鮮朝 北人政權의 成立과 對民政策의 性格』, 고려대학교 대학원 석사학위논문, 1986.

조성을, 「정약용의 군사제도 개혁론」, 『경기사학』 2, 경기대학교 사학회,

조종업, 「北伐과 春秋大義」, 『尤庵思想研究論叢』, 斯文學會, 1992.

지두환, 「우암 송시열의 정치사상」, 『한국학논집』 23, 국민대학교 한국학연구소, 2000.

______, 「朝鮮後期 禮訟 研究」, 『釜大史學』 11. 부산대학교 사학회, 1987.

______, 「朝鮮後期의 實學研究의 問題點과 方向」, 『泰東古典研究』 3, 1987.

______, 「효종대 君子小人 논의」, 『태동고전연구』 16, 태동고전연구소, 1999.

차기진, 「鹿庵 權哲身의 學問과 西學」, 『淸溪史學』 10, 한국정신문화연구원 청계사학회, 1993.

최근덕, 「朝鮮後期 思想史研究 ― 性理學의 史的 整理 ―」, 『國史館論叢』 22, 국사편찬위원회, 1991.

하우봉, 「17世紀 知識人의 日本觀」, 『동아연구』 17, 서강대학교 동아연구소, 1989.

______, 「南人系 實學派의 日本認識」, 『碧史李佑成教授定年退職紀念論叢 民族史의 展開와 그 文化』(하), 벽사이우성교수정년퇴직기념논총간행위원회, 1990.

______, 「茶山 丁若鏞의 日本觀」, 『金哲埈博士 華甲紀念 史學論叢』, 김철준 박사 화갑기념 사학논총 간행준비위원회, 1983.

______, 「星湖 李翼의 日本認識」, 『全北史學』 제8집, 전북대학교 사학회, 1984.

한면기, 「명청교체기 동북아질서와 조선 지배층의 대응」, 『역사와현실』 37,

한명기, 「光海君代의 大北勢力과 政局의 動向」, 『韓國史論』 20, 서울대학교 국사학과, 1988.

한상규, 「조선시대 사림의 정신세계 ― '소학' 교육을 중심으로」, 『남명학연구논총』, 1999.

한우근, 「白湖 尹鑴 研究」, 『歷史學報』 15・16, 1961・1962.

＿＿＿＿, 「白湖 尹鑴의 四端七情人心道心說」, 『이상백박사회갑기념논총』, 을유문화사, 1964.

허권수, 「己亥·甲寅禮訟」, 『朝鮮後期 南人과 西人의 學問的 對立』, 法仁文化社, 1993.

홍순민, 「肅宗初期의 政治構造와 換局」, 『韓國史論』 15, 서울대학교 국사학과, 1986.

＿＿＿＿, 「朝鮮後期 王室의 構成과 璿源錄」, 『韓國文化』 11, 서울대학교 한국문화연구소, 1990.

홍종필, 「三藩亂을 前後한 顯宗·肅宗 年間의 北伐論－특히 儒林과 尹鑴를 中心으로」, 『史學研究』 27, 1977.

· 저자 ·

이선아
(李善娥)

·약 력·

이선아는 전북대학교 인문대학 사학과를 졸업하고, 같은 학교 대학원에서 박사학위를 받았다. 그 사이 전북대학교, 전주대학교, 군산대학교 등에 출강하였으며, 조선후기 사상계의 이단아로 지목되었던 윤휴와 박세당에 대한 논문을 발표하였다. 시대를 앞서가다 좌절한 인물의 삶을 역사적 지표 위에 복원하는 일에 관심이 많다. 최근에는 한국고전문화연구원 전임연구원으로 있으면서 '사료'를 우리말로 번역하는 일에 몰두하고 있다. 「백호 윤휴에 대한 사문난적설 검토」「윤휴의 북벌론과 그 추진정책에 대한 검토」「윤휴의 학문과 남인과 서인의 정치적 분립」「기해·갑인복제논쟁에 대한 박세당의 입장」및 『불우지사 김옥균선생 실기』등을 발표하였다.

윤휴의 학문세계와 정치사상

· 초판 인쇄	2008년 11월 15일
· 초판 발행	2008년 11월 15일
· 지 은 이	이선아
· 펴 낸 이	채종준
· 펴 낸 곳	한국학술정보㈜
	경기도 파주시 교하읍 문발리 513-5
	파주출판문화정보산업단지
	전화 031) 908-3181(대표) · 팩스 031) 908-3189
	홈페이지 http://www.kstudy.com
	e-mail(출판사업부) publish@kstudy.com
· 등 록	제일산-115호(2000. 6. 19)
· 가 격	22,000

ISBN 978-89-534-4045-6 93100 (Paper Book)
      978-89-534-4046-3 98100 (e-Book)